LES GRANDS NOMS DE L'AMIENS SC

Mémoire du Football

LES GRANDS NOMS DE L'AMIENS SC

Lionel Herbet

ALAN SUTTON

Editions Alan Sutton
8, rue du Docteur Ramon
BP 90600
37542 Saint-Cyr-sur-Loire Cedex

Première édition 4e trimestre 2008

ISBN 978-2-84910-904-5
ISSN 1285-5537

Dépôt légal : 4e trimestre 2008
Imprimé en France - Jouve, 11, bd de Sébastopol, 75001 Paris

Sommaire

Préface

Henri Holgard, Urbain Wallet, Pierre Mankowski et Paul Imiéla ont porté le maillot de l'équipe de France, soit en équipe première ou amateurs. Ces quatre joueurs, dont l'histoire nous est relatée dans ce livre, ont tous un point commun : ils ont joué à l'Amiens AC ou à l'Amiens SC.

L'histoire du football à Amiens est longue et s'étale sur un siècle puisque le club a été créé au début des années 1900.

Dans le passé, des ouvrages ont été consacrés au football amiénois à partir de périodes comme *Le Football en Picardie* ou *Le Football à Amiens*. Toutefois, jamais un livre consacré aux acteurs ayant marqué la vie de ce sport n'avait été publié.

Lionel Herbet a choisi d'évoquer la mémoire ou la personnalité de 120 joueurs, entraîneurs et dirigeants ayant laissé une empreinte au club que ce soit à l'intérieur ou à l'extérieur. La conclusion qui s'impose est qu'Amiens est une ville de football, qui a connu bien des succès : champion de son groupe Nord en CFA, meilleur club national chez les Jeunes, finaliste de la Coupe de France, double demi-finaliste de la même compétition et l'apport de nombreux sélectionnés au sein de différentes équipes de France, etc.

Merci à Lionel d'avoir gardé toutes ces histoires et de nous en faire profiter aujourd'hui.

Je conclurai par un « Allez Amiens et longue vie à notre club ».

Pascal Pouillot
Président de l'Amiens SC

Pascal Pouillot, à droite, avec Robert Buchot, lors de son départ à la retraite.

Le mot de l'auteur

Le jeune garçon que j'étais, un jour de 1956, déjà passionné de sport dont je voulais faire mon métier, s'est retrouvé au stade Moulonguet afin d'assister à un match. Il ne connaissait absolument personne ni au sein de l'équipe d'Amiens ni dans celle de Roubaix.

Cinquante-deux ans plus tard, il me reste en souvenir un coup franc d'une rare puissance d'Edouard Harduin et un gardien à Roubaix qui, plus tard, allait devenir cadre technique : Richard Desrumaux.

C'était l'époque de ce bon vieux stade Moulonguet que je découvrais et que j'allais plus tard arpenter en long et en large, j'aurais même l'immense plaisir d'y jouer avec mon équipe du *Courrier picard*. Ce bon vieux stade Moulonguet aujourd'hui me déchire le cœur. Il est en effet plus ou moins abandonné, mal entretenu, et les anciens glorieux, qui ont foulé la pelouse un jour ou à plusieurs reprises, doivent se retourner dans leur tombe.

Amiens était la ville de mon enfance, celle de mes modestes études et celle de mon futur emploi au *Courrier picard*. Très tôt, poussé par le virus du reportage, j'avais pris l'habitude d'interroger les joueurs à leur sortie des vestiaires. C'était très facile et les joueurs, fussent-ils les plus grands, ne rechignaient jamais à s'attarder quelques minutes afin de répondre aux questions d'un gamin qui voulait devenir journaliste. Autres temps, autres mœurs.

Le jeune ado qui découvrait le stade Moulonguet prit de plus en plus de plaisir à y revenir. Un jour de Noël 1964, je devais même « couvrir » mon premier reportage pour *Le Courrier picard* à l'occasion d'un simple match amical entre Amiens et Le Havre. Sauf que ce match avait lieu le jour de Noël. Cela serait impossible aujourd'hui. Je venais tout juste de me marier et, déjà, je devais laisser ma famille en plein milieu d'un repas de fête pour aller assister à un simple match amical de foot.

C'était quand même bizarre… Le temps a passé !

Des joueurs, des entraîneurs, des dirigeants, j'en ai évidemment beaucoup connu. C'est pourquoi, après avoir été souvent sollicité par madame Béquet des Editions Alan Sutton, j'ai accepté l'offre qui m'était faite, à savoir écrire un livre sur le club d'Amiens. Un livre réalisé à partir de portraits de joueurs.

J'en ai brossé environ 120 à partir surtout de ma mémoire et de certaines archives que je possède. Merci aussi à Jacques Falize et Jacky Braun, joueurs emblématiques du club, qui m'ont permis d'avancer dans mes recherches. Le lecteur pourra toujours me dire : Pourquoi untel ? Et pourquoi pas lui ? Eternel refrain quant à la subjectivité. Journaliste, je suis resté.

L'heure de la retraite ayant un jour sonné, le président de l'ASC, Pascal Pouillot, m'a demandé d'intégrer le club. A pied, j'y serais venu. J'y ai découvert un club familial de l'intérieur et je vous assure que ce n'est pas du tout ce qu'on raconte ici et là. Merci donc Pascal Pouillot.

Merci donc à ce merveilleux football d'avoir pu me permettre dans ma vie de rencontrer des sacrés personnages qui ont fait que le football, c'est une Aventure qui naît, qui meurt et qui, toujours, recommence.

Lionel Herbet

Finale de la Coupe de France 2001.

Quelques jours avant la finale de la Coupe de France 2001, l'équipe est venue au Stade de Fr

ndre ses repères.

Jean-Paul Abalo

Défenseur central

Né le 26 juin 1975 à Lomé (Togo)
Est resté dix ans à l'Amiens SC
Plus de 100 sélections en équipe nationale du Togo
A disputé la Coupe du monde en Allemagne en 2006 et joué notamment contre la France

Jean-Paul Abalo est resté dix ans à l'Amiens SC de 1995 à 2005, le temps de faire apprécier sa légendaire correction, son grand professionnalisme et, sur le terrain, ses qualités de défenseur central.

Il est venu en France afin d'y suivre ses études mais surtout pour jouer au football. Il vint lors d'une tournée en France de l'équipe junior du Togo. Du côté de Châteauroux, son destin allait se sceller. En effet, il est repéré par un club de Châteauroux, la Saint-Christophe, qui évoluait en CFA. Plus tard, il est sollicité par l'Amiens SC. *« Je suis venu à Amiens par l'intermédiaire de Patrick Abraham à qui on avait donné des renseignements sur moi. J'ai fait un essai puis un match amical et Arnaud dos Santos, qui était l'entraîneur, m'a retenu. Après une saison en tant qu'amateur puis une autre comme stagiaire, j'ai signé professionnel. »*

Jean-Paul se souvient de son premier match de D2 à Nancy : *« Nous avions fait match nul et nous avions égalisé par Raymond Lokuli sur un centre de Pierre Deblock. »* Par la suite et durant quasiment une décennie, Abalo fut un défenseur axial intransigeant, efficace sur l'homme et sobre dans la relance.

A Amiens, Jean-Paul Abalo connaît de grosses satisfactions, notamment lors de la saison 2000-2001 qui voit, sous la houlette de Denis Troch, l'équipe remonter de nationale en D2 et surtout accumuler les exploits en Coupe de France.

Lors de la finale contre Strasbourg (0-0 après prolongation), il passe à côté de la gloire : il rate son tir au but face au légendaire gardien paraguayen Chilavert.

Parallèlement, Abalo poursuit sa carrière avec l'équipe nationale du Togo dont il est le capitaine. Une équipe qui, sur le terrain de Pointe-Noire au Congo, obtient sa qualification pour la phase finale de la Coupe du monde en Allemagne l'été 2006. Le Togo est l'adversaire de l'équipe de France et s'incline honorablement par 2-0. Cette période coïncide avec son départ d'Amiens (son contrat n'a pas été renouvelé) pour Dunkerque (CFA) où il ne joue que quelques rencontres. Un peu plus tard, Jean Paul découvre un autre football : Apoel Nicosie à Chypre.

Enfant d'une famille de dix filles et garçons, ayant perdu trop tôt son père, Jean-Paul Abalo s'est longtemps vu investi d'une grande responsabilité : assurer le quotidien de sa famille restée au pays. Homme au grand cœur, garçon d'une très grande honnêteté, Jean-Paul Abalo n'a laissé que de bons souvenirs à Amiens. Dommage que son départ nous ait laissés sur notre faim.

Daniel Abet et Gérard Delahaye

Présidents

Même si son passage à la tête du club a été relativement fugitif, Daniel Abet a laissé le souvenir d'un président qui, manifestement, a vu « trop grand ».

Pris dans le vertige du pouvoir, il a accédé à la présidence du club le 1er avril 1985, fort du soutien des plus hautes personnalités de la ville. Il s'agissait quasiment d'un coup de force et le nouveau président, véritable fonceur et très ambitieux, avait tout pour réussir. Malheureusement, la suite allait être beaucoup moins souriante même si, en fin de saison, le club remontait en division 2 avec Camille Choquier pour entraîneur.

Certes, sa passion du football et du club ne peut être reprochée au docteur Abet qui a toutefois commis trop d'erreurs et mené le club vers une mauvaise aventure. Alors que le club est descendu en division 3, avec Camille Choquier venu remplacer Gaby Desmenez (ce dernier se verra plus tard allouer une indemnité de 29 millions de centimes de l'époque), il fait le vide autour de lui. En dépit d'une baisse des recettes au stade, il augmente la masse salariale des joueurs, et ce malgré une relégation. Cette gestion va conduire le club à sa perte.

Fin octobre 1985, le docteur Abet se débarrasse de trois techniciens qui ont une excellente réputation et surtout font partie des meubles : Paul Pruvost, Jean Fontaine et Patrick Maison.

Quelques mois seulement après son élection, il organise une assemblée générale extraordinaire. Il annonce que l'ASC présente un énorme déficit – 130 millions de centimes – et qu'il faut donc consentir un emprunt de 180 millions. La pilule est dure à avaler et le club enregistre une kyrielle de démissions. Ainsi, le docteur Jacques Lienard et surtout Jean Fontaine, vice-président et personnage emblématique du club, claquent la porte.

L'heure est grave mais les joueurs, emmenés par leur capitaine Serge Amouret, réussissent à atteindre l'objectif qui est la remontée en division 2.

Le docteur Abet doit laisser sa place le 4 février 1986 à Gérard Delahaye, directeur de la société Giraudy, et dont la gestion sera, hélas, du même acabit. Gérard Delahaye a un point commun avec son prédécesseur : pour ses débuts, l'ASC remonte en division 2. De Gérard Delahaye, on retiendra surtout qu'il a été le premier président qui ait souhaité un partenariat avec la région Picardie et créé le sigle Amiens SC-Picardie.

Après la mise en place d'un plan de redressement au niveau financier, l'édifice ASC a failli tout simplement s'écrouler puisqu'il fut à deux doigts de la liquidation pure et simple.

Patrick Abraham

Né le 18 mai 1956 à Mirecourt (Vosges)
A joué à Mirecourt, Vittel, Nancy, Chaumont, Mulhouse, Le Havre, Amiens, Cholet et Amiens
A joué environ 350 matches en division 2
Est arrivé à Amiens en 1984 avec pour entraîneur Gaby Desmenez

Patrick Abraham fait partie des meubles à l'Amiens SC. Quel que soit l'entraîneur en place, il en est le plus souvent l'adjoint. Il s'agit indiscutablement d'une marque de confiance envers ce Lorrain pour qui le travail a toujours été le maître mot.

C'est à Nancy qu'il a effectué ses gammes et c'est dans ce club qu'il a côtoyé un moment un certain Michel Platini. Il va du reste y vivre un moment difficile. En effet, quand Nancy va gagner la Coupe de France en 1978 contre Nice, il est écarté du groupe des treize au dernier moment. C'est une énorme déception qu'il aura bien du mal à surmonter.

Patrick Abraham a ensuite évolué à Chaumont, Mulhouse, Le Havre puis à l'Amiens SC où il connaît la division 2 en 1983. Un peu plus tard, lorsque

Camille Choquier arrive, il n'est plus en odeur de sainteté. Choquier lui fait comprendre que sa présence à Amiens n'est plus souhaitée.

Il part alors à Cholet mais il revient, cette fois définitivement, quelques années plus tard. « *Je suis revenu à Amiens sur la pointe des pieds et pour une raison bien simple : les gens avaient changé à la tête du club*, se souvient Patrick Abraham. *Hugues Jullien était l'entraîneur et Julien Burnay le président. Le club repartait alors en division 4 avec des jeunes comme Teddy Bertin, Gérald Baticle, Christophe Raymond et d'autres. Je n'ai jamais regretté mon choix de revenir à Amiens.* »

Depuis, soit près d'un quart de siècle, il n'a jamais quitté le club dont il est l'un des piliers les plus solides. Patrick Abraham fut tour à tour joueur de l'équipe première, puis de l'équipe réserve, éducateur, dénicheur de talents (c'est lui qui a découvert Oscar Ewolo, capitaine de la formation nationale du Congo). Il a entraîné des équipes de jeunes du club avant de devenir adjoint du calife. Et pourtant, ce métier d'entraîneur, au départ, il ne se sentait pas prédisposé et apte à le pratiquer.

A Amiens, il a tout connu, les descentes, les remontées mais aussi et surtout une finale de Coupe de France en mai 2001, lorsqu'au Stade de France, l'ASC rencontre Strasbourg. Son entraîneur en chef était alors Denis Troch.

Quand on l'interroge, Patrick Abraham se définit comme un homme honnête, bon vivant et gagneur. A Amiens, outre le football, il est devenu un très bon pratiquant de golf et il a fait connaître cette spécialité à de nombreux joueurs du club.

Son rêve est qu'un jour l'Amiens SC aille en L1. De préférence avec lui au poste d'entraîneur adjoint car, dit-il, *« ce serait une belle récompense après tant d'années de travail et d'investissement personnel au sein du club »*.

Fabrice Abriel

Milieu de terrain

Né le 6 septembre 1979 à Suresnes (Hauts-de-Seine)

Denis Troch avait gardé de solides attaches au Paris SG, club dans lequel il avait été l'adjoint du célèbre Portugais Artur Jorge. C'est la raison pour laquelle le milieu de terrain Fabrice Abriel, qui a été formé au Paris SG et a connu une courte expérience au Servette de Genève, arrive à la Licorne pour la saison 2001-2002.

Dans un premier temps, il est prêté. Après une première saison pleine de promesses, Abriel signe un contrat de trois ans avec l'Amiens SC dont il ne tardera pas à devenir une authentique vedette.

Quand on l'interroge sur les raisons qui ont motivé sa venue à Amiens, Abriel répond : *« C'est qu'à Amiens, il y a un très bon coach. Les négociations furent donc facilitées. J'ai senti que Denis Troch qui m'a toujours soutenu me voulait réellement. Pourtant, j'ai eu des contacts avec des clubs de L1 que j'ai refusés. Ici, à Amiens, il y a un gros potentiel. »*

A Amiens, il fait rapidement son trou. Fabrice Abriel devient l'un des leaders de cette équipe qui, au cours de la saison 2003-2004, n'a jamais été aussi proche de la L1. Malheureusement, une fin de saison calamiteuse anéantit tous les beaux projets, sans parler d'élimination sans gloire en quarts de finale de la Coupe de France contre Dijon.

Fabrice Abriel fut assurément un grand joueur, à la fois meneur de jeu et buteur. Il se distinguait aussi à Amiens par son charisme auprès de ses équipiers qu'il défendait auprès des présidents. Avec ces derniers, il avait des discussions parfois orageuses.

Sur le terrain, le rôle de Fabrice Abriel *« est d'aller au-delà de la mobilisation qui se fait à chaque match, de la motivation, d'aller parler aux arbitres, essayer de faire pencher le match en notre faveur »*.

Fabrice Abriel surprenait aussi par sa façon de s'habiller et son goût pour la culture américaine, estimant que les Américains avaient dix ans d'avance sur les Européens.

Son aventure amiénoise s'est achevée un peu plus tôt que prévu, avec le départ de Denis Troch. L'arrivée d'Alex Dupont ne lui convint pas. Il demanda à partir d'Amiens pour rejoindre Guingamp mais c'est à Lorient qu'il s'est véritablement « éclaté » avec un entraîneur qui a su le comprendre : Christian Gourcuff.

A Amiens, Fabrice Abriel n'était jamais très loin de Paris et de ses copains du Camp des Loges. Ainsi, un jour, vit-on arriver incognito à la Licorne un certain Nicolas Anelka, son pote. On imagine la cohue que cela a provoqué.

Stéphane Adam

Attaquant

Cela fait une saison que Patrick Parizon est devenu l'entraîneur de l'ASC. Une saison marquée par une refonte du championnat de division 2. Deux groupes forment cette division. Il importe de terminer dans la première partie du classement pour être incorporé dans ce qui sera la nouvelle division 2 de la saison 1993-1994. L'ASC échoue de peu et repart en nationale.

Patrick Parizon s'en va alors dénicher un redoutable attaquant, Stéphane Adam, qui a sévi précédemment à Lille, mais aussi à Créteil où il a marqué 16 buts. C'est bien simple : depuis le départ de Gérald Baticle quelques années auparavant, l'ASC n'a jamais eu un tel attaquant.

Et d'entrée, après un stage bien réussi au Touquet, Adam est conquis par l'ambiance qui règne au sein du groupe. En arrivant à l'ASC, il explique son rôle : « *J'essaie de m'orienter plus vers le but. Je joue peut-être moins pour les autres par rapport à ce que je faisais avant. Je travaille moins mais l'efficacité est plus grande à l'arrivée et c'est l'essentiel. Mais j'aurais quand même une tâche défensive à remplir, ne serait-ce qu'à partir du moment où j'aurais perdu le ballon.* » Et d'ajouter que, devant le but, il a beaucoup travaillé des deux pieds et de la tête.

Au cours de sa deuxième saison à Amiens, le 11 février 1995, Stéphane Adam se blesse lors de la venue de Marseille. Il souffre d'un décollement de l'aponévrose. Longtemps, son compteur reste bloqué à 16 buts. « *Sans ce gros pépin,* dit-il, *je pensais dépasser la barre des 20 buts.* » Auparavant, lors des trois précédentes saisons en D2, il a disputé 87 matches et inscrit la bagatelle de 46 buts.

Evidemment, il devient très courtisé et n'ayant pu trouver un accord avec l'ASC, Stéphane Adam part en fin de saison pour Metz. Il n'a que 26 ans.

Lakhdar Adjali

Milieu de terrain offensif

Né le 18 juillet 1972 à Hussein Dey (Algérie)
International algérien
A joué à Istres, Wasquehal, Amiens

A l'instar de tous ceux qui ont eu la chance de participer à la finale de la Coupe de France en mai 2001 au Stade de France face à Strasbourg, Lakhdar Adjali en conserve à la fois un très beau souvenir mais aussi une immense déception.

Toutefois, avec le recul, Lakhdar doit penser que finalement, il a eu un peu de veine d'entrer en jeu. Deux heures avant le coup d'envoi, il n'était même pas inscrit sur la feuille de match. « *J'avais en effet perdu mon père dans la semaine précédant la finale*, se souvient Adjali. *Quand je suis revenu à Amiens, l'entraîneur Denis Troch a vu que je n'étais pas bien. Il m'a laissé au repos. Mais juste avant le match, mon équipier Jean-François Rivière est tombé malade. Je me suis retrouvé dans les seize et je suis entré sur la fin. J'ai même failli marquer un but.* »

Lakhdar Adjali est venu à deux reprises à Amiens, ville dont il répète toujours qu'elle est Sa Ville. Un homme a eu un rôle important dans cette arrivée en Picardie : Arnaud dos Santos.

Lakhdar Adjali s'est toujours distingué sur le terrain par sa conduite de balle, son élégance, sa technique très pure. C'était aussi un battant. Il avait quitté son pays qu'il reconnaissait de moins en moins à chaque fois qu'il y retournait. « *Les jeunes qui sont ambitieux veulent du travail et la possibilité de s'exprimer*, disait-il.

Je rêve d'une Algérie où les gens vivront heureux et où ils auront les moyens de réaliser leurs desseins. C'est possible, car ce pays est très riche mais cela va prendre du temps, car on ne change pas du jour au lendemain les mentalités. »

S'il n'avait pas été professionnel, Adjali aurait sûrement fait carrière dans l'Administration. L'homme était intelligent et avait fait de brillantes études en comptabilité. Mais, à l'âge de 16 ans, il eut l'opportunité de devenir footballeur professionnel au sein du club Hussein Dey et, à 17 ans, il évoluait en équipe première. Cela lui permit de faire vivre sa famille, car il avait trois sœurs et onze frères. Le 24 juin 1994, il prit une grande décision : quitter l'Algérie et tenter l'aventure en France.

A Amiens, il a donc vécu ses plus belles et enrichissantes années sportives.

Adjali était également prompt à réaliser des affaires. Du reste, quand il stoppa sa carrière, il revint s'installer à Alger, prenant la direction d'un restaurant. Il l'appela La Licorne en souvenir de ses exploits réalisés sur la pelouse du stade d'Amiens.

Très ouvert sur le monde, Adjali s'est toujours intéressé à ce qui se passait dans son pays. Avec sa sélection nationale, il entretenait parfois des rapports ambigus. Dans un match international, il fut un jour suspecté de dopage. La rumeur était partie de l'intérieur du pays et longtemps, Adjali ressembla à une bête blessée. La cicatrice fut longue à se refermer.

Jimmy Adjovi-Boco

Défenseur

Né le 22 décembre 1963 à Cotonou (Bénin)

Originaire du Benin, d'un père africain et d'une mère marseillaise, Jean-Marc Adjovi-Boco (mais appelé rapidement Jimmy) est arrivé très tôt en France, plus précisément dans le département de l'Oise.

Après avoir pratiqué l'athlétisme, le petit Jimmy joue au football à Orry-la-Ville, Chantilly et Creil. C'est ainsi qu'il se fait repérer par Camille Choquier et débarque à l'Amiens SC. L'ASC venait de remonter en D2 pour la saison 1986-1987. Une saison que personne n'imaginait aussi catastrophique.

Un élément incite aussi Jimmy à rejoindre la capitale picarde : son ami Youyou M'Baye. Jimmy Adjovi arrive à Amiens avec un statut professionnel (il avait signé son premier contrat pour deux ans). Cependant, il a hésité à se lancer dans le professionnalisme, car il avait un emploi stable à Air France.

Garçon athlétique, Adjovi n'a pas réussi une supersaison à Amiens, perturbé par des blessures musculaires à répétition. Il est vrai aussi que, dans un tel contexte, n'importe qui se serait cassé les dents. Lorsqu'il quitte l'ASC, Jimmy

Adjovi se dirige vers Rouen puis Tours et surtout Lens en division 1.

Dans l'Artois, Jimmy se fait remarquer non seulement par son style généreux et offensif mais aussi par sa chevelure rasta qui fait qu'il est immédiatement reconnu du public du stade Bollaert.

Par la suite, Jimmy Adjovi est revenu vivre à Amiens mais il a aussi contribué à l'éclosion d'un centre de formation au Sénégal avec ses copains Bernard Lama, qui joua une saison à Abbeville, et Patrick Viera, le capitaine de l'équipe de France. Ce centre appelé Diambars permet aux jeunes Sénégalais de 13 à 18 ans d'avoir une insertion professionnelle sécurisée grâce au football.

De ce côté, Jimmy Adjovi a réussi pleinement sa reconversion.

Lido Albanesi

Défenseur

Né en 1921

Son histoire ressemble un peu à celles d'Amédée Uchart et, surtout, de Jean Capart.

D'origine italienne, Lido Albanesi est arrivé en Picardie, plus précisément à Albert, alors qu'il n'avait que 1 an. Il est très précoce. A tout juste 15 ans, il effectue ses débuts en tant qu'arrière droit au SC Albert. Nous sommes en pleine guerre et le jeune Lido est déporté pour travailler en Allemagne. En permission, il « oublie » de revenir sur son lieu de travail. C'était sa marque du refus de travailler pour l'ennemi.

Lido Albanesi reprend le football et signe en 1942 au GSP Albert.

Au début de la saison 1945-1946, alors qu'il est amateur au GSP Albert, il est recruté par l'Amiens AC. Au départ, Albanesi est plutôt catalogué comme redoutable attaquant mais on s'aperçoit vite que ce garçon est plus doué pour jouer en défense. Il reste à Amiens jusqu'au début de la saison 1948-1949 lorsque Le Havre l'appelle.

Lido Albanesi a été international B mais il aurait dû l'être aussi en équipe de France A. Malheureusement, au dernier moment, le sélectionneur fit confiance à un garçon qui n'avait pas été retenu au départ : Jacowski. Lido Albanesi en éprouva une légitime déception car, par la suite, plus jamais il n'a été intégré.

Dans la vie, Lido Albanesi était un bon camarade, *« un cœur en or avec des muscles d'acier »*.

Après avoir passé ses diplômes, Albanesi a entraîné le club de Brassac-les-Mines. Chaque année, le 15 août, il a l'habitude de faire un crochet par Amiens afin d'assister aux finales des championnats de ballon au poing.

Serge Amouret

Défenseur

Né le 13 octobre 1957 à Rouen (Seine-Maritime)

Ancien professionnel de Lyon, Rouen et Le Havre, Serge Amouret a été l'une des premières recrues lors de la saison 1985-1986. Sa mission : être le vrai patron de la défense et le leader de l'équipe.

Dès son arrivée au stade Moulonguet, il proclame qu'il n'est pas venu à Amiens pour se balader. Il est décidé à rebondir et à faire remonter Amiens en D2.

C'est la première saison depuis dix ans où Serge Amouret va jouer seulement en D3, lui qui a connu le haut niveau et dont la carrière, malheureusement, est entachée d'un fait dramatique. En effet, au cours d'un choc avec le Stéphanois Christian Sarramagna, ce dernier s'écroule, la jambe fracturée. Longtemps, Serge, garçon chaleureux au demeurant, va traîner cette réputation de brute qu'il n'est pas.

C'est dire son ambition et sa volonté de tout faire pour qu'Amiens, qui dispose d'excellentes installations, réussisse dans son entreprise. Le pari de Serge Amouret ressemble point par point à celui de son entraîneur Camille Choquier : il faut que l'ASC retrouve son lustre le plus tôt possible. Il n'est pas question de moisir en D3.

En dépit de problèmes extra-sportifs, de règlements de comptes entre dirigeants, d'un match disputé sur terrain adverse en raison de la suspension de Moulonguet et surtout d'une diminution de 25 % de leur salaire, Serge Amouret emmène ses équipiers vers la D2. Il s'agit en fait d'une courte expérience, car cette division 2 qu'ils viennent de retrouver, ils vont la quitter dans la foulée, la saison suivante. Celle-ci fut, de toute évidence, la pire vécue au club depuis la fin de la dernière guerre.

Serge Amouret a terminé sa carrière de haut niveau à Amiens. Avec un goût d'inachevé. Il rêvait sûrement d'une autre sortie.

Boris Bajac

Défenseur

Boris Bajac fut sûrement un excellent joueur.

Né à Belgrade, il avait suivi ses parents qui s'étaient installés à Levallois-Perret alors qu'il n'avait que 8 ans.

Mais c'est au Paris SG qu'il devait s'épanouir sous la direction d'un certain Camille Choquier, ce technicien picard qui réussissait à Paris. Au Paris SG, il était alors le seul joueur à évoluer en CFA avec le statut amateur. Par la suite, Boris Bajac voyagea beaucoup et il eut certaines difficultés à se fixer quelque part, y compris à Beauvais.

C'est donc à Amiens qu'il signa une nouvelle licence lors de la saison 1985-1986. L'ASC venait d'engager Camille Choquier comme entraîneur en D3 et remonta immédiatement en D2. Malheureusement, Boris Bajac n'a pas joué officiellement durant cette saison. Il dut ronger son frein et s'entraîner avec ses équipiers n'ayant pas obtenu sa qualification, par la faute d'une lettre de sortie mal rédigée. Qu'importe ! Boris Bajac prit son mal en patience. Il vécut ainsi l'accession d'Amiens en L2 de l'intérieur et, chaque jour, il retournait à Beauvais qui était son lieu de résidence. « *Cette situation a été très dure à vivre*, déclarait-il à l'époque, *car chaque jour, j'avais l'impression de faire 140 kilomètres aller et retour pour rien. Mais j'ai tenu à être présent et à participer à tous les entraînements.* »

Camille Choquier devait ensuite le titulariser au poste de stoppeur, celui qu'il affectionnait. Il en fit même son capitaine. Véritable battant sur le terrain, Boris Bajac se distinguait dans la vie de tous les jours par une rare élégance. Il était habillé avec soin, comme un véritable homme du monde.

Dès lors, il ne pouvait se faire que des amis. Des amis parfois douteux puisqu'un jour, avant un match au stade Moulonguet contre Guingamp, le 22 octobre 1986, les gendarmes vinrent le chercher à l'hôtel où ses équipiers se trouvaient réunis pour la traditionnelle mise au vert.

Inculpé d'abus de confiance par le juge d'instruction du palais de justice de Versailles, Boris Bajac ne rejoua évidemment plus à l'ASC. Mais il payait une affaire remontant à 1982, car on sait que la justice est parfois lente. Boris fut laissé en liberté et placé sous contrôle judiciaire. Le lendemain, l'Amiens SC décidait d'exclure son capitaine qui, par la suite, sut rebondir dans la vie.

Après tout, Boris n'avait tué personne mais sa faute s'était produite dans une période où rien n'allait vraiment plus à l'ASC. Le président de l'ASC Gérard Delahaye expliqua les raisons qui avaient motivé l'exclusion du capitaine Boris Bajac : « *Cette affaire navrante est certes une affaire privée qui ne touche en rien le club. Mais du fait même qu'il est un homme public, son différend avec la justice porte un grave préjudice au club, à ses sponsors et à la municipalité. Pour tout le monde, ce n'est pas M. Boris Bajac qui est conduit devant le juge d'instruction mais le capitaine de l'équipe d'Amiens.* »

Que celui qui n'a jamais fauté lui jette la première pierre !

Eric Bala

Défenseur

Né le 25 octobre 1961 à Mazingarbe (Pas-de-Calais)

Il est rare qu'une simple finale de Coupe de la Somme soit le prélude à une belle carrière professionnelle. Pourtant, la finale qui opposa un jour de juin 1980 Doullens, modeste équipe de niveau régional, à l'Amiens SC a permis de révéler un jeune joueur opérant en défense dans les rangs doullennais : Eric Bala.

Face à une équipe en perdition entraînée par Robert Buchot qui a remplacé en cours de saison Paul Pruvost, Eric Bala va permettre à Doullens de l'emporter par 3-2. Il marque également un but au cours de cette rencontre alors que le gardien amiénois est toujours l'indestructible Joël Beaujouan.

L'été suivant, sur l'initiative de Gilles Marquette, Eric Bala débarque à l'Amiens SC en même temps que Claude Le Roy et de quelques éléments mutés comme lui mais plus expérimentés, comme Gaby Desmenez, Abde Ouzara, Joël Bellier et bien sûr Claude Le Roy reclassé amateur. Eric Bala arrive pourtant sur la pointe des pieds, d'autant qu'il a quinze jours de retard à l'entraînement. Il met donc un certain temps avant de se faire admettre dans le giron et qu'un dimanche matin, Claude Le Roy ne fasse une opposition entre titulaires et remplaçants. Cette fois, Eric Bala sut se faire apprécier en tant que stoppeur. Ce poste fut par la suite le sien. Dès lors, il devint un titulaire à part entière et composa avec Pierre Mankowski une belle paire de défenseurs centraux.

Un moment, Jacky Braun, qui était le sélectionneur de l'équipe de France amateurs, l'appela lors d'une présélection à Chantilly avec un autre Amiénois, Lionel Beaugrand.

La complicité qui le liait avec Pierre Mankowski se prolongea au-delà d'Amiens. Plus tard, Eric Bala suivit son copain au Stade Malherbe de Caen et il y réussit une belle carrière, d'autant plus remarquable qu'Eric n'était jamais passé par un centre de formation.

Sur un terrain, quelle que soit la valeur de l'attaquant qui se trouvait sur son chemin, il n'était jamais impressionné. Pour preuve, ce match de Coupe de France en février 1981 sur le terrain de Saint-Quentin quand l'ASC rencontra le grand FC Nantes. Eric Bala savait qu'il allait devoir surveiller un sacré client, l'international Eric Pecout. Cela le laissait de marbre et ce premier test fut un vrai détonateur pour la suite de sa carrière.

Formé à Doullens (il signa sa première licence à 6 ans) où son père exerçait le métier d'éducateur spécialisé pour enfants inadaptés, Eric Bala avait été sélectionné en équipe de Picardie des cadets, poussé par son entraîneur de l'époque, François Wicart, un ancien joueur professionnel de Saint-Etienne.

Revenu plus tard dans le département de la Somme, il a longtemps entraîné le club de Camon tandis que son fils joue en jeunes à l'Amiens SC.

Aujourd'hui, réussir une carrière identique à celle d'Eric Bala est quasiment impossible.

Ludovic Batelli

Gardien puis entraîneur

Né le 24 mai 1963 à Lens

Son arrivée à l'Amiens SC s'est effectuée dans une relative discrétion tandis que son retour au club a été beaucoup plus médiatisé.

Explication : en juillet 2000, Ludovic Batelli devient le responsable du centre de formation qui est basé à Montdidier dans les installations des Trois Doms. Il sort d'une expérience enrichissante mais qui n'a pu lui permettre de réaliser son rêve (à savoir l'accession de Valenciennes en L2 entre 1996 et 2000), et accepte sans hésiter la proposition de l'ASC. Il devient le responsable technique au stade Moulonguet de tout le secteur jeunes, au moment où Denis Troch prend la tête du groupe professionnel. Des débuts d'autant plus discrets que le club se trouve dans l'obligation de digérer et de se remettre d'une relégation en nationale.

Ludovic Batelli va donc dans un premier temps travailler surtout au stade Moulonguet. Successivement, ses entraîneurs sont Denis Troch et Alex Dupont. Mais ce dernier échoue complètement et, au bout de dix-huit mois, il est limogé par les deux présidents, Pascal Pouillot et François Gossart.

Entre-temps, Ludovic Batelli, qui piaffait d'impatience et souhaitait absolument retrouver le haut niveau, a pris une période sabbatique avant de répondre aux sollicitations du club de Sète qui agonisait en bas de tableau de la L2. Cette expérience sétoise ne va pas durer bien longtemps puisqu'en mars 2005, Batelli revient à Amiens mais cette fois par la grande porte. On lui confie les clefs de l'équipe professionnelle qui, à ce stade de la compétition, est en sérieuse difficulté. *« Pour moi, entraîner Amiens est un immense bonheur »*, dit simplement le nouveau patron technique amiénois. Dans un premier temps, il garde autour de lui le staff technique d'Alex Dupont avant de le modifier la saison suivante. Immédiatement, le mot d'ordre qu'il adopte et inculque à ses joueurs est le suivant : sérieux, rigueur, courage.

Cette fin de saison est caractérisée par le réveil de cette équipe d'Amiens qui obtient son maintien grâce à quelques succès acquis face à des clubs luttant également pour leur maintien.

La saison suivante (2006-2007) est tout simplement exceptionnelle. Ludovic Batelli emmène ses joueurs vers les sommets. La seconde partie du championnat est impressionnante.

Rien ne résiste à David de Freitas et à ses partenaires. Ils accumulent les succès et terminent en beauté face au Havre dans un stade de la Licorne comble et déchaîné. Lors de cette 38e et dernière journée, tout est encore possible pour l'ASC. Il suffit que le Stade Malherbe de Caen se fasse accrocher à Libourne pour qu'Amiens accède à la L1. Malheureusement, Caen ne tombe pas et l'ASC termine 4e avec un total de points jamais atteint et surtout un trio exceptionnel : Metz, Strasbourg et Caen. Avec 69 points, les équipiers de David de Freitas obtiennent le meilleur total pour un 4e. Les Amiénois échouent d'extrême justesse tandis que le public fête comme il se doit les joueurs. Le stade de la Licorne s'embrase et la soirée s'achève par un feu d'artifice.

Tout Amiens acclame Ludovic Batelli qui, dans la légende, rejoint Denis Troch. Invité ensuite par l'Amicale des éducateurs de la Somme. Ludovic Batelli souligne *« qu'entraîner, c'est l'école de l'humilité. On naît entraîneur. On ne le devient pas. Enfin, la tactique, c'est le champ de compétence de l'entraîneur qui ne doit jamais filer les clés aux joueurs, faute de quoi il démissionne »*. Et il ajoute : *« Dans tous les clubs dans lesquels je me trouvais, j'entraînais les très jeunes. Quand j'étais à La Roche-sur-Yon, j'ai immédiatement senti que j'étais plus passionné par cette carrière d'entraîneur que celle de joueur. »* Une carrière de joueur qui s'était achevée en 1986 lors d'un match amical entre Valenciennes et Lens, les deux grands clubs nordistes dans lesquels il a disputé environ 350 rencontres de L2 (avec Annecy, La Roche-sur-Yon et Lorient). Une blessure au genou suffisamment grave pour qu'elle lui signifie qu'il était temps de penser à entraîner.

Il profita du temps libre pour passer tous ses diplômes : DEF, BES2 complet, certificat de formateur, DEPF, bac plus un Deug Staps professeur de sport. Ludovic Batelli a souvent répété *« qu'entraîner, c'est plus qu'un métier, un vrai sacerdoce »*. Lors de la saison 2007-2008, il a souffert avec ses joueurs pour le maintien en L2 avant d'effectuer un très beau parcours en Coupe de France puisque l'ASC s'inclinait face au Paris SG dans un stade de la Licorne plein comme un œuf.

Alors qu'il lui restait un an de contrat, Ludovic Batelli, sollicité par Lens à qui il répondait par la négative, a décidé de rebondir à Troyes pour la saison 2008-2009. Il y a retrouvé Cyrille Merville, son ancien gardien d'Amiens, et ses deux attaquants Buengo et Fiorèse.

Gérald Baticle

Attaquant

Né le 10 septembre 1969 à Quevauvillers (Somme)
International espoir
Meilleur buteur de la Coupe UEFA 1993 avec Auxerre
Vainqueur de la Coupe de France en 1994 avec Auxerre et de la Coupe de la Ligue avec Strasbourg en 1997
A joué à Amiens en 1990, 1991 (D4 et D3), puis à Auxerre, Strasbourg, Metz, Troyes, Le Havre puis retour à Auxerre pour sa reconversion puisqu'il est chargé du suivi des attaquants

Gérald Baticle a débuté sa véritable carrière à l'Amiens SC où, durant deux saisons, en D4 et D3, il s'est signalé comme un attaquant racé. Guy Roux, qui avait flairé le bon coup, le fit venir à Auxerre, club dans lequel il a obtenu ses plus beaux titres de gloire et dans lequel il est retourné en fin de carrière pour assurer sa reconversion. Guy Roux avait été tellement persuasif qu'il s'était déplacé en personne en janvier 1991 à Roye, à 40 kilomètres d'Amiens, afin de rencontrer la vedette de l'ASC.

Gérald Baticle n'a jamais fréquenté un centre de formation, ce qui ne l'a pas empêché de réussir un beau parcours. Il a reconnu plus tard qu'après avoir été un pensionnaire d'un sports-études à Amiens, il n'était vraiment parti de chez lui qu'à 20 ans et que cela l'avait aidé, car ce n'est pas du tout évident de se retrouver à 14 ans loin de sa famille.

Avant de venir à Amiens, Gérald évoluait au sein d'un club de campagne, Quevauvillers, où il eut la chance d'avoir un éducateur de qualité, René Goupy.

GROUPAMA

C'est au cours d'un rassemblement de jeunes, le mercredi, qu'il fut repéré par Claude Le Roy alors entraîneur d'Amiens. Ce dernier fit venir le jeune Gérald à l'ASC et c'est là qu'il côtoya toute une bande de jeunes, notamment Teddy Bertin, autre figure légendaire de cette période de reconstruction, et Thierry Dobelle qui, lui, resta fidèle toute sa carrière à Amiens avant d'aller au SC Abbeville.

A l'ASC, en l'espace de deux saisons, Gérald a gravi les échelons de façon vertigineuse, passant d'un seul coup de la D4 à la D2. L'entraîneur n'était plus Claude Le Roy mais Hugues Jullien.

A Amiens, Gérald a littéralement enchanté le public du stade Moulonguet. Un peu plus tard, lorsqu'il revint disputer un match amical avec Auxerre contre Amiens, l'enfant de Quevauvillers (ses parents tenaient une boulangerie à Amiens) se montra très ému : « *J'ai ressenti beaucoup d'émotion et de nostalgie. Ici à Amiens, je n'ai eu que de bons souvenirs. Moulonguet, c'est vraiment la pelouse de mon cœur. De plus, à Amiens, je participais beaucoup plus à l'élaboration du jeu.* » A chaque fois qu'il reviendrait par la suite à Amiens, ce serait toujours avec une certaine émotion et nostalgie. Ainsi, avec Le Havre Athlétic Club dans lequel il acheva sa carrière de joueur professionnel, il foula la pelouse de la Licorne le 30 août 2003.

Quand il jouait à Amiens, il évoluait en pointe et, le plus souvent, il était mis sur orbite par le Tchèque Karel Jarolim qui, au cours de cette saison 1990-1991, a vraiment lui aussi émerveillé les supporters du club tant ses passes étaient millimétrées.

Gérard Baticle a toujours su relativiser les choses. Jamais il ne s'est enflammé et il a gardé les pieds sur terre. Il était animé par le travail, le sérieux et le professionnalisme. Des valeurs qui lui avaient sûrement été inculquées par ses parents.

Avec Amiens, il a conservé, en dépit de ses passages dans des clubs plus huppés, des liens vraiment très forts au point de répéter souvent que c'était non seulement son club de toujours mais qu'il se souvenait parfaitement d'un but marqué en division 4 qu'un autre réussi en Coupe d'Europe.

Gérald Baticle a été influencé par Guy Roux à Auxerre. Il a même reconnu que sa rencontre avec lui avait été déterminante pour la suite de sa carrière. Les deux hommes eurent parfois des rapports tendus mais toujours empreints de loyauté. Toutefois, si Gérald sait ce qu'il doit à Guy Roux, jamais il n'a oublié celui qui fut son premier éducateur à Quevauvillers, un certain Léon Goupy, un de ces valeureux dirigeants qui ont sacrifié toute une vie à l'enseignement du football dans leur village.

Lionel Beaugrand

Attaquant

Né le 23 août 1960 à Amiens (Somme)
International espoir

Dans l'histoire du club, Lionel Beaugrand reste incontestablement l'un des attaquants les plus prolifiques qui aient jamais porté le maillot amiénois. Court sur pattes, il était intuitif, possédait le sens du but et était terriblement adroit. Certes, Beaugrand a surtout évolué dans le championnat de France de troisième division avec pour entraîneur un certain Claude Le Roy à la fin des années 1970 et au début des années 1980, mais nul ne saura jamais si, avec plus de persévérance et, disons le clairement, de sérieux, il n'aurait pas atteint un niveau plus élevé. Lionel Beaugrand se retrouva même aux portes de l'équipe de France espoirs. Le FC Sochaux lui fit les yeux doux. Mais Lionel avait le mal du pays et il quitta rapidement le centre de formation du club doubiste qui l'avait accueilli. Il revint discrètement à Rumigny, près des siens. Dommage.

Par la suite, lorsqu'il évolua en deuxième division, Lionel Beaugrand fut à la hauteur de la situation. Un exemple : à Tours, il marqua les 2 buts permettant à l'ASC de revenir avec le nul.

A ses débuts avec les pupilles de l'ASC, son premier entraîneur fut Paul Imiéla, joueur mythique et joueur du siècle à Amiens. Il gravit très tôt les échelons et se retrouva en équipe de France juniors. Repéré par Sochaux, il fut l'équipier par exemple de Jacky Bonnevay et Yannick Stopyra qui ont laissé des traces dans le football français. Tout allait très vite, trop vite pour cet enfant surdoué mais insouciant qui s'est grillé en voulant accumuler les matches et les stages de toutes sortes.

En outre, il eut tendance à prendre du poids, poids qu'il avait évidemment un mal fou, par la suite, à perdre. Des problèmes de santé devaient aussi freiner sa progression. Un jour, les médecins s'aperçurent qu'il n'avait qu'un rein et que sa résistance avait des limites. Claude Le Roy avait pris l'habitude de lui accorder un jour de repos supplémentaire dans la semaine.

Résultat, Lionel Beaugrand disparut de la circulation, puis réapparut mais plus jamais il ne connut cet état de grâce qui lui faisait parfois, certains dimanches, enfiler les buts comme on enfile les perles. Ainsi, avec les jeunes de l'ASC, il a marqué environ 500 buts et notamment 16 lors d'une même rencontre disputée contre l'équipe d'Englebelmer.

De lui, Claude Le Roy dit simplement : « *Lionel Beaugrand, c'est le plus grand gâchis du club.* » Tout simplement.

Joël Beaujouan

Gardien

Né le 11 octobre 1948 à Besançon (Doubs)

L'Amiens SC se targue, à juste titre, d'avoir toujours eu d'excellents gardiens.

L'ère moderne a évidemment retenu les Julien Lachuer, Cyrille Merville, Philippe Poil, Alain Wantz, et les supporters du club qui arpentaient les tribunes de Moulonguet après guerre n'ont jamais oublié les Capart, Forcioli et Gayet.

Voici une trentaine d'années, après un certain Robert Ragon, véritable libéro de son équipe et même véritable casse-cou, arrivait Joël Beaujouan. Le type même du gardien sobre et qui ne faisait jamais de geste inutile. Chez lui, pas de plongeon pour attirer l'œil du photographe. Tout simplement, Joël Beaujouan fut un gardien très sûr, d'une grande sobriété, et en qui l'entraîneur avait une confiance énorme. Enfin, il n'était jamais blessé. En huit saisons consécutives, il n'a pour ainsi dire jamais manqué un match officiel. Ainsi, quand il arriva à Amiens au cœur de l'été 1974, il resta sur la bagatelle de 106 matches consécutifs en D2. Il enchaîna ensuite sur sa lancée à l'ASC et dépassa ce record.

Il lui fallut toutefois assimiler la tactique de la défense en ligne prônée par l'entraîneur André Grillon : « *Je me souviens du premier match amical que j'ai joué avec Amiens à Nœux-les-Mines. Je me trouvais juste derrière Paul Imiéla et Jean-Michel Lefèvre. Nous avions encaissé 6 buts. Je n'avais pas l'habitude de cette tactique. Il a fallu rapidement corriger le tir afin de m'intégrer. La défense en ligne était stricte. Les défenseurs s'arrêtaient carrément et c'était dangereux. Cela provoquait des situations à un contre un : gardien contre attaquant.* » Joël Beaujouan assimila rapidement.

En cette période, il ne faisait pas bon être la doublure de Beaujouan, car il n'était jamais appelé tant le titulaire était indiscutable. En dehors du terrain, Joël était un boute-en-train infatigable et Pierre Lesueur, qui était alors l'accompagnateur de l'équipe, doit encore se rappeler les facéties de son gardien de qui il était le souffre-douleur.

Originaire de Besançon, Joël Beaujouan était l'ami du célèbre arbitre Michel Vautrot mais aussi de Pierre Mankowski. Cette amitié devait lui profiter un peu plus tard. En effet, très tôt, selon une habitude dans le club, instaurée du reste par André Grillon, un joueur pouvait entraîner une équipe de jeunes. Beaujouan imita donc les Mankowski, Delecroix, Imiéla, etc.

Joël Beaujouan glissa progressivement et, de l'équipe A, il devint le gardien de la réserve. Plus tard, il entraîna les jeunes et se retrouva propulsé entraîneur de l'équipe première alors que le club venait de traverser des moments très sombres. Nous étions cette fois au cœur des années 1980 et l'ASC repartait en division 3 après avoir frôlé purement et simplement la liquidation. « *On m'a demandé de succéder à Camille Choquier mais je pense franchement que je n'étais pas assez mûr pour entraîner. J'ai donc préféré arrêter, d'autant que Pierre Mankowski qui venait de prendre en main Le Havre m'avait appelé.* »

Après une défaite concédée contre Le Touquet, Beaujouan présenta sa démission au président Richard Rutkowski. Ce dernier l'accepta et lui rendit un vibrant hommage. Extrêmement déçu, Joël Beaujouan décida un court moment d'abandonner le monde du football afin de se consacrer à sa carrière professionnelle (il travaillait pour l'usine Veglia). Mais Pierre Mankowski sut lui tendre la main et, de là, la carrière de Joël Beaujouan rebondit. Il accepta et il s'est bien relancé. Il eut même l'occasion d'entraîner Le Havre en première division avant d'entraîner Romorantin et de tenter une expérience aux Emirats arabes.

Beaujouan est revenu vingt ans plus tard en Picardie, dans le club de Compiègne qu'il n'a pu emmener vers le nationale et l'expérience a coupé court au bout de deux saisons.

En définitive, c'est bel et bien à Amiens qu'il est resté le plus longtemps (treize ans en tant que joueur et entraîneur).

Fahid Ben Khalfallah

Milieu de terrain

Né le 9 octobre 1982

Son père avait été dans les années 1970 un professionnel honorable à Troyes qui avait ensuite décidé de se fixer dans le département de la Somme, plus précisément à Péronne. Toute la famille Ben Khalfallah jouait au football mais le petit dernier, Fahid, était incontestablement le plus doué. Ses frères Sami et Ikbal (celui-ci joua aussi à l'ASC) furent également d'honnêtes footballeurs.

Brillant dans l'équipe de Péronne qui évoluait alors en CFA 2, le petit prodige Fahid se fait évidemment remarquer par les recruteurs amiénois, notamment Robert Buchot. Il arrive à l'ASC en même temps que Fabrice Abriel, Jean-Marie Stephanopoli, Thierry Moreau et Hamed Diallo, au début de la saison 2001-2002.

En signant à Amiens alors que Sedan lui a fait les yeux doux, Fahid ne s'éloigne pas trop de Péronne qui est distant d'une cinquantaine de kilomètres

Tout en jouant avec Péronne, il signe son premier contrat pro avec Amiens qui, durant cette fin de saison 2000-2001, réussit un superbe parcours en Coupe de France et en Coupe de la Ligue. *« Je me souviens que j'avais signé quelques jours avant la venue de Lyon en Coupe de la Ligue. Cela m'avait fait tout drôle de découvrir le stade de la Licorne complètement rempli. Je m'étais dit que, si j'arrivais à faire quelques apparitions en équipe pro, ce serait très bien. J'ai aussi eu la chance d'aller avec mes équipiers au Stade de France pour la finale de la Coupe de France. »*

Quand il reprend l'entraînement sous la houlette de Denis Troch, après quelques jours de repos seulement et après avoir surtout obtenu son bac, Fahid Ben Khalfallah se jette sans aucun complexe dans la carrière. Il découvre le milieu du football professionnel et part en stage à Vittel avec ses équipiers. De retour à Amiens il débute en amical contre Lens. *« Je me suis dit : soit je saisissais ma chance à fond, soit je coulais et dans ces conditions j'étais confiné à me retrouver avec la CFA 2. J'étais content d'avoir bien joué mais ce n'était qu'un match amical. Il ne fallait pas s'arrêter là-dessus. »*

Bien encadré par Laurent Strelczak et Thierry Moreau, les « anciens » de l'époque, Fahid gravit à grande vitesse les marches qui le mènent vers la notoriété. Cependant, Fahid n'a jamais oublié d'où il venait. Joueur très spectaculaire, d'une grande rapidité sur son aile, parfois provocateur, le petit Fahid est devenu une des idoles de la Licorne. Sur le terrain, la vitesse est son arme favorite. Il va vite, très vite. *« Je manque parfois de lucidité*, reconnaît-il. *Le problème est que je fais tout à 2000 à l'heure. Je n'arrive pas à ralentir. Je suis constamment en accéléré alors que je devrais mieux canaliser mon énergie. Et surtout soigner mon dernier geste. »*

Alors qu'il est encore perfectible et loin d'avoir atteint son apogée, Fahid doit quitter Amiens. Il s'en va à Laval puis Angers en nationale avant de réintégrer la L2. A Angers, il marque des buts décisifs. Des buts parfois culottés comme ce jour à Troyes où il mystifie littéralement son ancien équipier de l'ASC, le gardien Cyrille Merville. Angers n'est qu'une étape dans sa carrière à la fois sur le plan national et international, car il jouit de la double nationalité française et tunisienne.

Fahid a même été retenu une fois par Roger Lemerre, le sélectionneur de l'époque, pour participer à un stage de présélection. En signant à Caen, il a connu l'échelon supérieur comme l'ont fait les Duchemin, Ewolo et Abriel. Et c'est contre l'équipe de France au Stade de France qu'il joue pour la première fois avec la Tunisie.

Marc Berdoll

Attaquant

Né le 6 avril 1953 à Trélazé (Maine-et-Loire)
16 fois international
A participé à la Coupe du monde de 1978 en Argentine

Certes, il n'est resté qu'un peu plus d'une demi-saison à Amiens (février à juin 1982) mais du moins a-t-il marqué de son empreinte son passage au stade Moulonguet.

Marc Berdoll n'a pu, comme l'espéraient alors le président Michel Draeve et l'entraîneur Claude Le Roy, permettre à l'Amiens SC d'accéder à la deuxième division et rejoindre par la même occasion le SC Abbeville, le grand rival de l'époque. Si effectivement, l'ASC avait accédé à la D2, il serait sûrement resté dans la capitale picarde. Toutefois, ses apparitions n'ont jamais laissé indifférent et le public eut toujours pour lui les yeux de Chimène.

Lorsqu'il débarque à Amiens, Marc Berdoll jouit du statut d'international A. Trois ans auparavant, il a participé à la Coupe du monde 1978 en Argentine. Elle reste le meilleur souvenir de sa carrière puisqu'il est entré en jeu au cours du match contre l'Italie et a joué contre la Hongrie. Le 3 avril 1979, il dispute son dernier match avec le maillot tricolore en Coupe d'Europe des nations contre la Tchécoslovaquie.

En ce mois de février 1982, après treize ans de professionnalisme, Marc Berdoll se retrouve dans une situation qu'il n'a jamais connue auparavant. Après avoir été formé à Angers, avoir débuté en D1 à l'âge de 17 ans, évolué à Sarrebruck, Marseille et Angers qui connaît le dépôt de bilan, Marc Berdoll est tout simplement privé de club. Pour la première fois, il fait connaissance avec le chômage.

C'est alors que Claude Le Roy va le dénicher. Il lui fait disputer un match amical concluant contre le Paris SG et ensuite lui fait signer un contrat de cinq mois. Qu'Amiens puisse s'offrir une telle vedette prouve qu'avec Claude Le

Roy, l'Amiens SC jouit d'une bonne réputation. Ce dernier possède déjà un carnet d'adresses bien rempli. La venue de Berdoll, c'est lui qui l'a impulsée. « *C'est une chance extraordinaire pour Amiens de posséder Marc Berdoll mais c'est une honte pour le football français que de l'avoir ignoré ces derniers temps* », proclame Claude Le Roy, jamais à court d'arguments.

Redoutable buteur, Marc Berdoll va réussir un bel exploit le 27 mars 1982 lorsqu'il inscrit 4 buts au cours de la même soirée contre Douai (5-1). De quoi enchanter le public qui, à cette époque, croit plus que jamais en l'accession. Auparavant, pour ses grands débuts au stade Moulonguet contre Lille le 6 février 1982, le public était venu en nombre : 3 487 spectateurs

Malheureusement, Amiens va échouer sur la fin et Berdoll part pour Orléans afin de se relancer. Mais il est reconnaissant envers Amiens qui lui a tendu la main : « *J'ai été accueilli à Amiens comme jamais je l'ai été auparavant. Je remercie les dirigeants, car ils m'ont permis de ne pas être chômeur durant cinq mois.* »

Teddy Bertin

Défenseur

Né le 6 août 1969 à Flixecourt (Somme)
A joué à Amiens, Le Havre, Strasbourg, Marseille et Châteauroux

Le 19 septembre 1987, c'est le grand soir pour le jeune Teddy Bertin. Joël Beaujouan, l'entraîneur amiénois, le titularise au sein de l'équipe qui reçoit au stade Moulonguet la formation de Lisieux.

Teddy Bertin va évoluer avec des jeunes de son âge tels Christophe Raymond et Manu Parsy. Il prend place au milieu du terrain aux côtés des frères Dobelle (Frédéric et Thierry) et de Manu Parsy.

La saison précédente, Teddy s'est illustré au sein de la formation des juniors de l'ASC entraînés par Robert Buchot et qui vont se distinguer dans le Challenge Gambardella. Ses mérites sont d'autant plus grands que l'année précédente, il est resté plusieurs mois sur le flanc, victime d'une blessure sérieuse (ligaments croisés du genou).

Mais, au contraire de Malik Fall qui a rejoint durant l'intersaison le SC Abbeville en deuxième division, Teddy a préféré rester à Amiens afin d'y poursuivre son apprentissage. Avec un autre entraîneur que Joël Beaujouan, sans doute serait-il parti ailleurs. S'il reste finalement à Amiens, c'est parce que Joël Beaujouan est celui qui est allé le dénicher à Flixecourt, ville située entre Amiens et Abbeville.

De Bertin, Beaujouan dit simplement en ce mois de septembre 1987 : « *C'est un garçon qui a de grosses possibilités physiques et qui a vraiment éclaté avec les cadets*

nationaux », cadets nationaux entraînés justement par Joël Beaujouan. La petite histoire a retenu que, pour ses débuts en troisième division, Teddy Bertin n'a pu savourer la victoire, l'ASC se contentant du nul 1-1.

Mais pour Teddy, c'est le début d'une belle carrière, d'abord à Amiens puis ensuite dans les plus grands clubs français : Le Havre où il va retrouver Pierre Mankowski, Strasbourg avec qui il gagnera la Coupe de France contre son ancien club en mai 2001, Marseille, et pour terminer Châteauroux. Il a souvent rencontré l'ASC à qui il n'a jamais fait de cadeaux. Mais à chaque visite à la Licorne, il revoyait avec plaisir ses anciens dirigeants, que ce soit Gilbert Morel ou Pierre Lesueur.

Teddy Bertin a terminé sa carrière de haut niveau à Châteauroux au terme de la saison 2006-2007 mais on devrait normalement le revoir dans cette région de la Nièvre, près de Flixecourt où il retrouvera ses racines.

Titi Bonalair

International espoir

Né le 14 juin 1966 à Paris
Sélectionné en équipe de France contre l'Angleterre et l'Ecosse

Pour Thierry (Titi) Bonalair, Amiens a marqué le début d'une belle carrière. Bien que né à Paris, il a vécu sa prime jeunesse dans l'Aisne, à Chauny. Un peu plus tard, il a postulé au concours d'entrée de la section foot-études d'Amiens qui était à l'époque fort réputée.

Son responsable était Hugues Jullien, remarquable formateur qui, dans le même temps, jouait avec la réserve de l'Amiens SC avant d'en devenir entraîneur puis ensuite patron technique de l'équipe première du club qu'il emmena, en deux saisons, de la D4 à la D2.

Thierry Bonalair réussit son concours d'entrée et, évidemment, il ne va pas regretter son choix qui était de concilier les études et le football. A Amiens, entraîné alors par Claude Le Roy, il se fait remarquer et intègre naturellement l'ASC. « *Je suis resté trois ans à la section, depuis la seconde jusqu'à la terminale,* se rappelle Bonalair. *Je me suis ensuite retrouvé à l'ASC où, en quatre saisons, de 1983 à 1987, j'ai eu pour entraîneurs Claude Le Roy, Gaby Desmenez et Camille Choquier.* » Pour Titi Bonalair, c'est l'époque de l'insouciance, de la jeunesse aussi et des excellentes relations entretenues avec les hockeyeurs sur glace d'Amiens.

Sa carrière, Titi Bonalair la doit en partie à Hugues Jullien. Celui-ci a été émerveillé par ses qualités intrinsèques. Bonalair avait tout pour réussir une grande carrière. « *Pensez qu'il faisait 3 700 mètres au test de Cooper alors que la moyenne était de 3 200 mètres,* indique Hugues Jullien. *Sur 60 mètres, il valait 7 s 6. Le plus difficile a été de le faire travailler, car ce qui comptait avant tout chez lui, c'était d'abord le plaisir de jouer. En cadets, il jouait en 10 et franchement, je ne le voyais pas vraiment en arrière gauche.* »

Malheureusement, à Amiens, Titi Bonalair n'a pas de chance puisque le club connaît le dépôt de bilan. Toutefois, en cette année 1987, les juniors amiénois s'illustrent dans le Challenge Gambardella. En quarts de finale, au stade Moulonguet, ils reçoivent et battent Nantes où évoluent les jeunes prodiges Didier Deschamps et Marcel Desailly.

Nantes devient le futur club de Titi Bonalair après qu'Oscar Muller, ancien Nantais mais qui fait une « pige » à Amiens, l'a recommandé chaudement à l'entraîneur Reynald Denoueix. La carrière de Bonalair va dès lors prendre une tout autre dimension. A Nantes, il a la chance d'être sélectionné dans différentes équipes de France, notamment chez les espoirs.

Michel Platini est le sélectionneur de l'équipe de France qui le retient contre l'Angleterre et l'Ecosse mais cette formation tricolore rate la qualification pour la Coupe du monde en 1990.

Ensuite, Bonalair joue successivement à Auxerre, Lille où son entraîneur est Pierre Mankowski, Nottingham en Angleterre, Neufchâtel et Zurich en Suisse avant de s'orienter vers une nouvelle carrière : celle de superviseur.

A Amiens, Titi Bonalair n'a jamais oublié que c'est dans ce club qu'il a vraiment tout appris et aujourd'hui, il garde d'excellents contacts avec le président Pascal Pouillot. Régulièrement, on peut le voir dans les tribunes de la Licorne où il vient superviser une équipe ou un joueur.

Laurent Bouchez

Attaquant

Né le 30 octobre 1960 à Béthisy-Saint-Pierre (Oise)

Laurent Bouchez s'est surtout signalé à l'ASC en raison de ses qualités de redoutable attaquant. Deux fois de suite, il a terminé meilleur buteur du groupe Nord de troisième division (16 buts en 1980-1981 et 28 en 1981-1982, dont 4 hat tricks).

Lorsqu'il arrive au club, déniché par Gilles Marquette qui avait décidément un sacré flair, la situation est catastrophique. Ainsi, Gilles Crapoulet, l'enfant de Flesselles, s'en va tenter sa chance à Angoulême et laisse la place à Laurent Bouchez qui a de la famille dans le département.

Laurent a débuté à Roye où son père tient un café. Son premier éducateur n'est autre que Jacques Savary. Lens lui fait ensuite les yeux doux.

Lors de la saison 1977-1978 et en dépit de son jeune âge (17 ans), Laurent participe à 7 rencontres de division 3. Mais l'effectif du club artésien est trop riche et Laurent est prié de boucler ses valises. Il va éprouver une grosse déception mais, heureusement, Amiens va l'accueillir et surtout lui permettre de repartir du bon pied. Ce départ pour Amiens, Laurent n'y avait pas vraiment songé, car il marquait la fin de son rêve qui était de devenir professionnel.

Sous la houlette de Claude Le Roy, Laurent Bouchez va vraiment s'affirmer et améliorer ses qualités de puncheur. Au fil du temps, il devient plus roublard dans les défenses adverses. A Amiens, il termine donc à deux reprises meilleur buteur mais, hélas, le club n'atteint pas son objectif. Très courtisé, Laurent quitte l'ASC pour Roubaix. Dans l'histoire de l'ASC, il reste un grand parmi les buteurs.

Martial Boudet

Gardien

Né le 23 avril 1953 à Offranville (Seine-Maritime)

Lorsqu'il débarque à Amiens au mois de juillet 1982, Martial Boudet sait qu'il va assurer une succession difficile. C'est en effet pour remplacer Joël Beaujouan que l'entraîneur Claude Le Roy a décidé de le titulariser dans les buts.

La vie de ce garçon prend dès lors une nouvelle orientation. D'un club qui, chaque saison, se traîne dans les profondeurs (Dieppe) et se bat pour ne pas descendre en division Honneur régionale, il arrive à Amiens qui a des ambitions. Dieppe est ce club qui verra trente ans plus tard un certain Antoine Buron venir également à l'ASC.

Joël Beaujouan n'a pas quitté l'ASC puisqu'il continue de jouer avec la réserve. Très tôt, Claude Le Roy lui a appris qu'il serait remplacé par Martial Boudet et la succession s'est donc faite en douceur. Martial Boudet se distingua dans sa carrière comme un ultime rempart, affichant un calme olympien. Ce garçon calme et débonnaire donnait l'impression d'un homme lymphatique. En réalité, c'était un véritable professionnel qui savait se préparer avant un match, dut-il ignorer les mains expertes du kinésithérapeute du club. Sauf à de rares occasions, il n'a jamais été massé avant un match.

Très sûr dans ses prises de balles, il ressemblait un peu à Beaujouan par son flegme et son sens de la sobriété sur un terrain. Il a connu à Amiens la division 3 et la division 2 et les incertitudes du lendemain car, durant cette période, le club manquait de véritables structures.

Alain Bouflet

Attaquant

Né le 1er mai 1961 à Beauvais (Oise)

Alain Bouflet n'a pas vraiment marqué l'histoire de l'Amiens SC et pourtant, nous n'avons pas hésité à lui accorder une place dans ce recueil.

Tout simplement, le grand attaquant, bâti comme un déménageur, véritable armoire à glace, est dans l'histoire du football amiénois et picard le seul qui ait porté en l'espace de quelques saisons les maillots d'Abbeville (1981-1987), de Beauvais (1987-1988) et de l'Amiens SC (durant seulement six mois en 1989).

A l'ASC, qui évoluait alors en division 4, il lui fut même confié par le président Richard Rutkowski les fonctions d'entraîneur, du moins de responsable technique de l'équipe.

Beaucoup ont du reste oublié cet épisode de la vie du club, qui n'est sûrement pas la plus glorieuse. Alain Bouflet a inscrit de nombreux buts mais il semble que sa période la plus prolifique ait été à Abbeville car, à Amiens, il n'a connu à vrai dire que la division 4 et sa relative discrétion.

Jacky Braun

Milieu de terrain

Né le 21 avril 1928 à Amiens (Somme)
Entraîneur national de l'équipe de France des espoirs et de celle des juniors
Membre de la Direction technique nationale
Elu à la Ligue de Picardie en exerçant un mandat de quatre ans en tant que représentant des éducateurs

Jacky Braun est devenu, depuis le moment où il a pris sa retraite, un spectateur fidèle des rencontres disputées par les professionnels d'Amiens au stade de la Licorne. Avant les matches, il arrive qu'il aille saluer l'entraîneur de l'équipe

Jacky Braun, au centre, avec à sa droite son entraîneur Edouard Harduin.

adverse. Il s'agit en général d'un de ses anciens éléments des sélections nationales qu'il eut le bonheur de diriger. Des fonctions qui lui ont permis de visiter tous les pays du monde mais, pour autant, jamais Jacky Braun n'a fait d'infidélités à sa ville d'Amiens à laquelle il a été et reste viscéralement attaché.

Dès sa naissance, le destin de Jacky Braun est tracé. Il voit le jour dans la rue Camille Desmoulins, à deux pas du stade Moulonguet. Son père Marcel est un bon joueur à l'Amiens SC et la sage-femme qui le met au monde est la mère d'un futur champion de natation, Georges Sadowski. « *J'avais 4 ans et j'accompagnais mon père à l'entraînement*, se souvient Jacky Braun. *L'entraîneur était un Anglais et, dans une de ses mains, il avait des petits cailloux. Il en jetait un à chaque fois que les joueurs accomplissaient un tour de terrain.* »

En 1941, Jacky signe sa première licence à Amiens. Il y reste jusqu'en 1961 après avoir gagné en 1946 le concours régional du Jeune Footballeur, prenant ensuite la 3e place au plan national. Il dispute également en cette année 1946 une finale nationale des cadets au stade de Colombes avec les cadets nordistes. Le jeune Jacky Braun évolue aux côtés de Léon Desmenez et d'André Strappe. Mais le moment le plus inoubliable reste cette poignée de main donnée par Félix Goin, le président du Conseil des ministres, lors de la présentation des équipes.

A Amiens, Jacky Braun connaît la fin du professionnalisme, le redémarrage en promotion Honneur mais, en 1961, il a la chance d'être appelé à Paris pour devenir le premier conseiller technique régional de France. Après avoir un moment hésité, Jacky Braun accepte de relever ce nouveau défi. C'est le début d'une carrière pleinement accomplie.

En dépit de ce parcours remarquable, Jacky Braun n'oublia jamais sa bonne ville d'Amiens où naquit également son fils Didier, éminent journaliste sportif à la rubrique Football du journal *L'Equipe*. Ses analyses, ses billets dénotent une très grande connaissance de ce sport. C'est surtout le jeu qu'il affectionne dans ses écrits et non le côté people ou scandale qui fait le régal de certains confrères.

Quand on lui demande si, en tant qu'entraîneur, il a fait des erreurs, il répond : « *Sûrement, mais jamais je n'ai fait d'injustices.* » Homme d'une grande droiture et d'une honnêteté qui n'a plus beaucoup cours de nos jours, Jacky Braun est incontestablement quelqu'un qui a marqué le club d'Amiens.

Marcel Braun

Milieu de terrain

Né en 1898 à Levallois-Perret (Hauts-de-Seine)

Jacky Braun, qui a été un excellent joueur à l'Amiens Athlétic Club avant de devenir le premier conseiller technique régional de France puis entraîneur des équipes de France juniors et espoirs, n'aurait peut-être pas plongé dans le milieu du foot si son père Marcel ne l'y avait incité.

Marcel Braun a évolué aux côtés de ces joueurs de talent que furent Paul Nicolas, Georges Taisne ou Urbain Wallet et qui firent qu'à cette époque précédant la naissance du professionnalisme, Amiens était une place forte du football français.

Marcel Braun a d'abord joué au club de Levallois qui était entraîné par Gaston Barreau, futur sélectionneur unique de l'équipe de France. En 1921, sollicité par les dirigeants d'Amiens, il signe dans un premier temps au Stade Amiénois où il reste trois mois. « *Mais quand il rejoint l'Amiens Athlétic Club,* souligne son fils Jacky, *il est devenu le pestiféré. Plus personne au Stade Amiénois ne lui disait bonjour. Il est vrai qu'à cette époque, on était attaché à son quartier.* »

Sur le terrain, Marcel Braun est un gros travailleur, rude et physique. Il se montre aussi un passeur appliqué. Il reste à l'AAC jusqu'en 1932. Il est l'incon-

testable et irremplaçable pivot de la ligne des demis mais il ne souhaite pas devenir professionnel. Il préfère garder son emploi de contremaître chez Matifas qui est installé route de Rouen et dont le patron est le président du club.

Marcel Braun aurait aussi mérité d'être retenu en équipe de France à l'instar de certains de ses équipiers (Nicolas, Libérati et Taisne). Il n'eut pas cette chance. Sa passion du football était telle que, plus tard, il continua à jouer avec les vétérans.

Le nom de Braun est évidemment attaché au football amiénois et même français.

Robert Buchot

Attaquant

Né le 20 septembre 1940 à Escarbotin (Somme)
A marqué 300 buts dans sa carrière

« Je dois tout au football », a souvent répété Robert Buchot, un des grands personnages de l'Amiens SC. Personnage parce qu'il a été, durant son passage à Amiens (trente-deux ans, un bail et une sorte de record), joueur dans un premier temps, entraîneur des équipes A et B et des 18 ans et enfin superviseur des équipes adverses et chargé du recrutement. Robert Buchot est, et il le reconnaît volontiers, quelqu'un qui a bâti sa carrière sur le terrain.

Issu d'une famille nombreuse (douze frères et sœurs) et d'un milieu modeste, le petit Robert est voué à une vie somme toute ordinaire. Né dans cette région laborieuse qu'est le Vimeu (à Escarbotin exactement), Robert n'a guère pour horizon que l'usine qui lui tend les bras dès l'âge de 14 ans. Alors qu'il vient de décrocher son CAP, il entre dans la vie active à l'instar de tous ses copains de l'époque.

Nous sommes au début des années 1960 et les jeunes de cette période sont appelés, quand ils endossent la tenue militaire, à aller combattre en Algérie. Robert Buchot va rester quatorze mois de l'autre côté de la Méditerranée.

Quand il retrouve la vie active, il n'a aucun moyen de locomotion et il se souvient qu'après avoir signé à l'Amiens SC, un dirigeant venait le chercher chaque dimanche en DS.

Avec le football qui fut une sorte de bouée de sauvetage, Robert Buchot fait les bons choix. Il débute dans la rue, chez lui à Escarbotin, et se fait remarquer par un grand dirigeant, Henri Leclercq, qui réussit cet exploit de rester plus d'un demi-siècle président du district de football de Picardie puis de la Somme.

Amiénois dès 1962, Robert Buchot entame une belle carrière de joueur. Attaquant né, chasseur de buts, aussi efficace au pied qu'avec la tête, Buchot va marquer plus de 300 buts dans sa carrière. Avec Amiens, il est le meilleur buteur du CFA (Championnat de France amateurs). Il a beaucoup appris avec ses entraîneurs successifs mais voue une reconnaissance particulière à René Salembier qui fut professionnel à l'Amiens Athlétic Club, Emilien Meresse et enfin André Grillon, un homme qui revient souvent dans ses souvenirs. *« C'est celui qui m'a le plus apporté »*, reconnaît Buchot dès lors qu'il évoque le nom d'André Grillon.

En 1980, Robert Buchot quitte l'ASC lorsque Claude Le Roy débarque au club. Il part entraîner Condé-sur-Vire (Normandie) où il fait monter toutes les équipes en division supérieure. Puis il revient dans la Somme et entraîne Longpré-les-Corps-Saints et Friville-Escarbotin.

Robert Buchot revient à l'Amiens SC une deuxième fois lorsqu'il faut un technicien pour s'occuper des juniors. En 1987, sous sa houlette, les juniors amiénois éliminent en quarts de finale du Challenge Gambardella, au stade Moulonguet, l'équipe de Nantes dans laquelle évoluent deux jeunes prometteurs : Didier Deschamps et Marcel Desailly. En demi-finale, les Amiénois sont éliminés sur le terrain de Troyes par Grenoble emmené par Youri Djorkaeff. Mais cette équipe a laissé un souvenir inoubliable dans l'histoire du club qui était secoué par de gros problèmes financiers. Robert Buchot n'est évidemment pas étranger à cette superbe réussite des juniors en cette année 1987.

De nouveau en retrait durant quelques années, Robert Buchot revient une troisième fois à l'ASC à l'initiative du nouveau président Pascal Pouillot. Cette fois, le terrain n'est plus son domaine mais les tribunes des stades de L1 et L2 de France où il va superviser les futurs adversaires de l'ASC. Il revient à chaque fois avec des notes qui vont servir à l'entraîneur en place. Chargé du recrutement, il est directement à l'origine de la venue de joueurs, jeunes en général, tel Fahid Ben Khalfallah.

Il s'est élevé socialement à la force du poignet et, dans la vie active, il a été un fidèle employé de la ville d'Amiens qui avait l'habitude d'employer des sportifs dans le cadre de leur reconversion.

Robert Buchot a toujours fonctionné à l'affectif. Homme passionné, de convictions, et amoureux fou du football, il a cependant, au moment où il a pris sa retraite, tenu à rendre hommage à la personne qui, finalement, l'a le mieux épaulé depuis quarante ans : son épouse.

André Titi Buengo

Attaquant

Né le 11 février 1980 à Luanda (Angola)

Comme Oscar Ewolo un peu plus âgé que lui, André Titi Buengo a fait toutes ses classes à Amiens dans les clubs de quartier. Né en Angola, pays en pleine guerre civile, le jeune Titi est venu rejoindre sa mère qui vivait déjà dans la capitale picarde. Titi avait à l'époque 8 ans et il n'arrivait pas seul puisqu'il avait à ses côtés sa grande sœur. La famille Buengo se regroupa ainsi à Amiens dans le quartier Nord.

« *Par rapport à l'Angola, ma vie ne pouvait être que meilleure*, se souvient Titi Buengo. *Je n'avais que 8 ans mais je n'ai pas mis longtemps pour comprendre que tout était différent. Ma jeunesse n'a pas été facile. Ma maman était femme de ménage et elle gagnait peu. Toute seule, elle devait nourrir cinq enfants. Nous nous sommes débrouillés très jeunes. Nous avons serré les dents et avons fait des sacrifices. Je pense avoir mûri plus tôt et cela m'a évité de faire des conneries. En Afrique, on a l'habitude de se contenter du strict minimum. Alors à Amiens, j'ai conservé les mêmes valeurs. Même si en Afrique j'ai gardé mes vraies racines, je dirais que l'Afrique, c'est mon pays et la France, le pays qui m'a adopté.* »

Après avoir reçu une bonne éducation, Titi Buengo a débuté dans ce qui était alors un club formateur : l'Amiens FC. Il y est resté de 8 à 16 ans. Epoque

où il prend du plaisir avec ses copains de quartier. Il est ensuite allé une saison à Camon avant d'intégrer l'Amiens SC où son premier éducateur fut Jean-Carl Tonin.

Attaquant redoutable servi par un gabarit hors norme, Buengo se distingue très tôt par son efficacité offensive. Mais pour embrasser la carrière professionnelle, il dut partir vers Wasquehal, Créteil, Grenoble, Saint-Quentin et même la Suisse.

Au début de la saison 2006-2007, Ludovic Batelli l'appelle. Il vient tout juste de la Coupe du monde en Allemagne où l'Angola était présent mais ne passa pas le premier tour. Bien que sélectionné, Buengo reste sur le banc de touche lors des 3 matches. Il en éprouve une frustration tout à fait légitime. *« Dès lors, la priorité, c'est mon club Amiens qui m'emploie et qui me nourrit. »*

Lors de la première saison, Titi Buengo n'a pas la chance de participer à cette formidable épopée qui voit l'ASC terminer 4e du championnat, et ce en raison d'une blessure qui est peut-être la conséquence de la Coupe du monde et de son manque de vraies vacances. Reposé, il est beaucoup plus efficace au cours de l'exercice 2007-2008 et termine largement en tête du classement des buteurs (avec 14 buts), reléguant Sébastien Heitzmann sur le banc des remplaçants.

En dépit de cette réussite, Titi n'a pas vu son contrat renouvelé et, une fois de plus, il a dû faire ses valises pour exercer son métier de footballeur professionnel. Pas très loin puisqu'il a suivi son entraîneur Batelli à Troyes.

Antoine Buron

Milieu de terrain

Né le 12 octobre 1983 à Rouen (Seine-Maritime)

A un certain moment, l'Amiens SC a eu la chance d'avoir dans son effectif professionnel deux fils d'anciens professionnels : Thibault Giresse et Antoine Buron, les fils d'Alain Giresse et Jean-Louis Buron.

Antoine Buron, originaire de Dieppe, brillait de mille feux chaque semaine avec l'équipe normande. Les recruteurs se pressaient régulièrement à la fin des rencontres mais c'est en définitive l'ASC qui fut en mesure de s'assurer le renfort de ce milieu de terrain, évoluant le plus souvent sur le côté droit et redoutable par sa vitesse de course, ses enchaînements, sa percussion et la façon qu'il avait de s'engouffrer dans la surface.

Antoine Buron signe donc son premier contrat professionnel à Amiens, contrat qu'il prolonge ensuite. *« Avant de venir ici, j'ai pesé le pour et le contre. Le coach m'a fait visiter les installations et son discours franc et sincère m'a plu. Il ne m'a jamais garanti une place de titulaire. Amiens était pour moi le club idéal. »*

Alors qu'à Dieppe il ne s'entraîne que trois fois par semaine, à Amiens sa vie change complètement et, lors de son premier stage à Vittel, il découvre véritablement ce qu'est le métier de footballeur professionnel. Il apprend à se méfier, à ne pas écouter n'importe qui et à s'octroyer les services d'un manager qui va le guider dans ses choix.

Les qualités intrinsèques de Buron se concrétisent rapidement. C'est bien simple : depuis le fameux Polonais Skupnik, aucun joueur n'a recélé de telles qualités de vélocité et d'explosivité. Rien de tel pour expliquer l'incroyable popularité de ce joueur qui, s'il restait sur le banc de touche au début du match, était sans cesse réclamé par le public de la Licorne. Celui-ci avait pour lui les yeux de Chimène.

Antoine Buron a éclaté à l'occasion de cette saison 2003-2004 qui devait donner beaucoup d'espoir quant à une éventuelle accession en L1 mais qui se termina finalement en eau de boudin. Lors de la saison 2006-2007, il participe à cette superbe aventure qui va mener l'équipe au pied du podium puisque, avec un total impressionnant, la bande à Batelli doit se contenter de la 4e place.

L'exercice 2007-2008 est moins brillant. Lors d'un match à la Licorne, il doit quitter ses équipiers. Depuis un moment, il souffre des adducteurs. Il doit se faire opérer d'une pubalgie. L'ancien Dieppois est absent des terrains durant de longs mois mais il revient durant le printemps 2008.

De nouveau, le public applaudit le joueur percutant, jaillissant et qui est à l'origine du redressement de l'équipe. Celle-ci va obtenir son maintien en L2 et Antoine Buron participe à la demi-finale de la Coupe de France contre le Paris SG. Une finale télévisée et qui attire l'attention des dirigeants de Lorient qui prennent contact avec ceux d'Amiens. Il reste un an de contrat mais les deux clubs trouvent un accord : cinq ans après son arrivée à l'ASC, après avoir été entraîné par Denis Troch, Alex Dupont et Ludovic Batelli, Antoine Buron quitte l'ASC fin mai 2008 et part pour la Bretagne. En cette fin de saison 2007-2008, Buron était le plus ancien au club. Il rejoint deux anciens équipiers de l'ASC, Fabrice Abriel et Oscar Ewolo.

Pour Antoine Buron, l'aventure continue.

Titi Camara

Attaquant

Né le 17 novembre 1972 à Conakry (Guinée)

Pourquoi la présence de l'international guinéen Titi Camara dans cette galerie de joueurs qui ont jalonné l'histoire de l'Amiens SC ?

D'abord pour mentionner le fait qu'avant de terminer sa carrière à l'ASC où il effectua deux piges de six mois environ, Titi a évolué dans les plus grands clubs : Marseille, Lens, Saint-Etienne, West Ham et Liverpool. Sa carrière s'étend donc sur quinze années. Et on n'intègre pas de tels clubs sans posséder un minimum de qualités.

Certes, quand il arrive à Amiens sous la houlette d'Alex Dupont en janvier 2005 (il a signé la veille de la clôture du *mercato*), Titi n'est plus ce redoutable chasseur de buts et ce pourfendeur de défense qu'il a été quelques saisons auparavant. Mais dans la surface, son coup de patte, la précision de ses coups de pied arrêtés produisent encore leur effet et font quelques ravages. C'est donc avec infiniment de respect qu'à Amiens on voit arriver ce seigneur, ce grand monsieur du football. Cela fait exactement vingt-cinq ans qu'Amiens n'a pas accueilli une telle star. Depuis un certain Marc Berdoll venu à l'ASC par l'entremise de Claude Le Roy.

Avant de venir à Amiens, Titi a certes porté le maillot de l'équipe nationale de Guinée mais, quinze ans auparavant, il a aussi été international militaire à

l'époque où il effectuait son service au bataillon de Joinville, avec pour entraîneur Roger Lemerre. « *Amiens est un club stable*, explique d'emblée Titi. *Je pense avoir fait le bon choix. Je suis là pour aider le club et faire en sorte qu'il se maintienne en L2. J'ai 32 ans et je pense que j'ai l'opportunité de réussir mon défi.* »

Titi va beaucoup travailler sur le plan physique afin de retrouver sa forme, car il tient à ne pas décevoir les dirigeants de l'ASC. Depuis ses débuts pros, jamais il n'avait signé un contrat aussi court. L'ASC va se maintenir.

Titi est libéré mais revient ensuite au club un an plus tard, où il a cette fois comme entraîneur Ludovic Batelli. Et c'est comme s'il n'avait jamais quitté Amiens. En effet, un an plus tard, il revient en meilleure condition physique, ce qui lui permet de s'intégrer encore plus rapidement. « *J'ai passé cinq mois avec des gens formidables*, dit-il à son retour. *Je suis tellement bien ici à Amiens que je n'ai pas changé mon numéro de Sécurité sociale. J'espère marquer des buts et en faire marquer. Je suis heureux de retrouver les jeunes du centre de formation.* » Titi Camara marquera des buts décisifs qui, cette fois, permettront d'assurer le maintien en L2.

Carrière achevée à Amiens, il va alors s'investir dans son projet qui consiste à construire un hôpital et une maternité dans un petit village proche de Conakry. « *Je me suis demandé ce que je pouvais faire pour mon pays. J'ai donc aidé à la construction d'un centre de santé et il permet aux femmes de venir accoucher, alors qu'auparavant elles devaient parcourir des kilomètres à pied. Le bon Dieu m'a donné la chance de pouvoir financer ce projet. Le premier enfant qui est né s'appelle Ismaël Camara, comme moi. J'essaie d'aider les gens de mon pays, car j'ai la chance de bien gagner ma vie. Cet hôpital peut accueillir 500 personnes.* »

Plus tard, Titi Camara parviendra peut-être à réaliser un autre rêve : entraîner la sélection nationale de Guinée. Titi est un homme de cœur.

Jean Capart

Gardien de but

Né le 8 juillet 1922 à Albert (Somme), décédé voici quelques années

L'après-guerre a donné à l'Amiens Athlétic Club de bons, de très bons gardiens. Parmi ceux-ci, incontestablement, Jean Capart garde une place de choix.

C'était un joueur adroit, excellent dans ses prises de balle, au bon placement qui, dans la vie de tous les jours, était à la fois discret, simple, charmant garçon. C'était également un homme qui n'avait pas l'habitude de s'extérioriser.

Avant de se fixer au poste de gardien de but, Jean Capart avait débuté en tant qu'ailier gauche. Il avait fait ses premiers pas au SC Albertin (de 1933 à 1942) avant d'aller au GSP Albert. Dans les années ayant précédé la guerre

Capart est le 3e joueur debout en partant de la gauche.

et sous l'impulsion d'Henry Potez, ce club avait goûté aux joies du professionnalisme. Albert fut alors professionnel au même titre mais beaucoup moins longtemps qu'Abbeville et Amiens.

Jean Capart arrive donc en pleine guerre, en 1942. Il va rester une décennie à l'Amiens AC. Quand il arrive à Amiens, il est la doublure d'André Vaillant et de Manoukian. Très tôt, il s'affirme comme un titulaire indiscutable.

Dès la guerre terminée, l'Amiens AC retrouve le statut professionnel. Jean Capart devient professionnel et l'équipe fait partie du groupe Nord du Championnat de France. Au cours de cette saison, l'AAC rencontre le Stade Français emmené par le fameux attaquant Larbi Ben Barek.

Au stade Moulonguet, Jean Capart et ses équipiers s'imposent face à de grands ténors tels Nice, Lyon, Nantes et Bordeaux et terminent 6es sur 14. Le 18 février 1947, Jean Capart contribue au succès de son équipe face au glorieux FC Sochaux emmené par le grand attaquant et international Roger Courtois. Ce dernier marque même un but mais l'AAC, survolté, s'impose par 2-1 et inflige, devant 5 273 spectateurs, sa première défaite à Sochaux invaincu depuis 23 rencontres. Parmi les équipiers de Jean Capart figuraient les fameux attaquants Krups et Visignol.

Jean Capart est resté au club jusqu'en 1952. Le temps de disputer environ 300 matches professionnels. Cette saison 1951-1952 marque la fin du professionnalisme à Amiens. Le 23 mars 1952, devant 2 381 spectateurs au stade Moulonguet, Angers s'impose par 2-0 face à une équipe amiénoise résignée.

Jean Capart est donc le dernier gardien de l'AAC chez les pros et, à cette époque, l'AAC était entraîné par un homme qui n'a pas laissé un grand souvenir : monsieur Roze.

Dernier compliment adressé à Jean Capart. C'est celui d'un journaliste qui, après une rencontre contre le Red Star va écrire : « *Jean Capart, le favori des dieux, a une telle manière de s'aventurer hors des bois, de sortir de manière opportune, qu'il force l'avant-centre adverse à faire une faute. Il le désoriente pour mieux le méduser.* » Après Amiens, Jean Capart a entraîné Albert et exercé son métier de tourneur sur métaux.

Camille Choquier

Gardien puis entraîneur

Né le 27 septembre 1941 à Paris

Alors que le club vient de se doter d'un nouveau président (Daniel Abet succède à Michel Deraeve), un nouvel entraîneur est également appelé à l'aube de la saison 1985-1986.

Gaby Desmenez, qui n'a pu maintenir l'équipe en division 2 un an après l'y avoir fait accéder, est prié d'aller voir ailleurs. Plus précisément à Calais et de surcroît dans le même groupe qu'Amiens.

Le docteur Abet l'a promis et il tient parole. Il bouleverse son staff technique et fait appel à un pur Picard, originaire de la région d'Abbeville : Camille Choquier. Celui-ci arrive au club avec non seulement le titre d'entraîneur mais

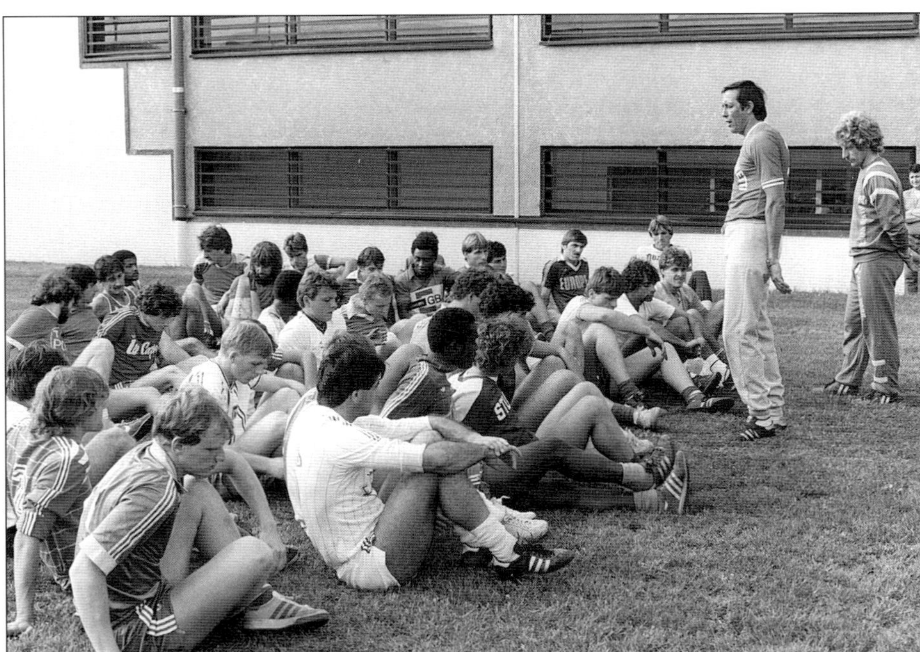

aussi celui de responsable du centre de formation, et son adjoint n'est autre que Robert Buchot, un ancien de la maison. L'ancien meilleur buteur de l'équipe dirigée par André Grillon quitte alors Longpré-les-Corps-Saints, club qu'il vient de faire monter de division Honneur à la division 4. Camille Choquier arrive du Paris Saint-Germain et tout, sur le terrain, va lui réussir au cours de la première saison.

Une saison toutefois marquée par des remous internes, des départs de dirigeants, de techniciens mais, à l'arrivée, l'essentiel est atteint : l'ASC va remonter de division 3 en division 2. Le samedi 3 mai 1986, sur le terrain de Poissy, Camille Choquier et ses joueurs s'imposent par 2-0 et gagnent le droit de rejoindre Beauvais et Abbeville en division 2.

Camille Choquier, qui a obtenu les pleins pouvoirs en avril 1986, a des idées novatrices C'est ainsi qu'il souhaite resserrer le groupe de l'équipe première qui devra être ramené à une quinzaine de joueurs. Mais c'est au niveau des jeunes qu'il veut aller le plus loin.

Il est le premier technicien qui souhaite créer une véritable école de football (débutants à minimes) et, pour les minimes, une classe avec des horaires aménagés. Il se voit naturellement reconduit dans ses fonctions par Gérard Delahaye, le nouveau président qui a remplacé quelques mois auparavant le docteur Daniel Abet. Gérard Delahaye affirme haut et fort que Choquier est un des meilleurs entraîneurs de France et que l'ASC jouera avant 1990 en division 1. Des propos repris évidemment, non seulement par la presse picarde mais aussi nationale. Et, du coup, Camille Choquier signe un contrat de cinq ans. Du jamais-vu à Amiens même sous l'ère Grillon qui avait l'habitude de ne signer que pour une année.

Evidemment, Camille Choquier ne va pas au bout de son contrat qui est rompu par le club. Ce qui vaudra à l'ASC de perdre un nouveau procès. En effet, licencié économique le 10 juillet 1987 alors que l'ASC vient de déposer son bilan, Camille Choquier intente un procès à son ancien club.

Le 16 novembre 1989, la chambre sociale de la cour d'appel d'Amiens rend son verdict : l'ASC perd et doit payer la somme de 136 millions de centimes à son ancien entraîneur, somme correspondant à la durée du contrat si celui-ci avait été mené à son terme. Cette lamentable affaire apporte la preuve que, plus jamais, un club ne doit faire signer un contrat de longue durée à un entraîneur. En cas de divorce, le club est souvent perdant sauf évidemment si une faute professionnelle est reprochée au technicien.

Triste époque aussi où, au stade Moulonguet, on assiste à ce spectacle pitoyable d'un huissier mandaté par Camille Choquier, et qui vient constater que l'entraîneur est bien présent physiquement mais ne peut exercer son métier.

Camille Choquier méritait sûrement mieux que cette triste fin avec cette relégation en division 3. Il fut surtout, à notre sens, plus victime que coupable et surtout l'objet de querelles intestines entre dirigeants.

Il aurait tellement aimé être prophète en son pays…

Thierry Claeys

Né le 15 janvier 1965
Joueur à Amiens puis entraîneur de jeunes
Conseiller technique régional de la Ligue de Picardie

Thierry Claeys n'a pas marqué de façon indélébile l'Amiens SC par ses qualités de joueur. Il fut un défenseur sérieux, peu spectaculaire et soucieux avant tout de bien relancer le ballon. N'ayant pas un gabarit exceptionnel, il était contraint sur le terrain de jouer avec sa tête, ce qu'il fit avec mérite et intelligence.

Thierry Claeys est un vrai Picard, viscéralement attaché à sa région. Il aurait pu tenter sa chance dans un grand club de division 1. Mais le jeune Thierry, très tôt, sut que le métier de footballeur était relativement court et qu'il fallait voir bien au-delà. Il a su le faire de manière intelligente puisque, aujourd'hui, il est le conseiller technique régional de la Ligue de Picardie.

En dépit de sa très grande discrétion, Thierry Claeys est un homme influent et reconnu dans le milieu du football picard et même ailleurs. Lorsqu'un entraîneur arrive à Amiens, lorsque le club choisit un nouveau directeur du centre de formation, Thierry en est avisé. Pour reprendre une expression utilisée dans un autre sport (le cyclisme), Thierry Claeys a la tête et les jambes.

A moins de 30 ans, il a déjà derrière lui sa carrière de joueur. En 1981, il intégra la section foot-études d'Amiens qui jouissait alors d'une certaine réputation. A cette époque, l'Amiens SC possédait quatre équipes seniors.

Thierry Claeys évolue tour à tour en C, B puis en A et, en 1983, il connaît avec Gaby Desmenez les joies d'une accession en division 2. Une joie de courte durée puisque la saison suivante l'ASC retourne en division 3. Toutefois, avec l'arrivée aux commandes d'un nouvel entraîneur, Camille Choquier, Claeys disparaît de la circulation (il ne fut pas le seul du reste). Il devient un titulaire de l'équipe D. Une sorte d'affront pour cet homme qui, écœuré, part deux saisons à Saint-Quentin. C'est alors qu'il décide de devenir éducateur et de réintégrer l'ASC où il prend en mains l'équipe des 17 ans puis la C. Il s'affirme comme un véritable pédagogue, un homme recherchant sans cesse le dialogue. Il redonne ainsi confiance à des joueurs qui doutaient peut-être et n'étaient pas bien dans leur peau. Chez lui, la psychologie a toujours été importante. A ses joueurs, il répète sans arrêt : « *Soyez déçus avant ou après un match mais si vous vous ennuyez, alors il faut arrêter le football.* »

Aujourd'hui, le conseiller technique de la Ligue de Picardie Thierry Claeys répète inlassablement aux jeunes qui viennent aux rassemblements : « *Le football est avant tout un jeu.* »

Alain Copé

Attaquant

Né le 9 septembre 1946 à Grenoble (Isère)
International junior et amateur
Vainqueur du concours du Jeune Footballeur

Encore un joueur dont la carrière a été inspirée et influencée par André Grillon.

Alain Copé fut un excellent avant-centre, un homme qui rôdait dans les surfaces et n'avait pas son équivalent pour marquer les buts les plus incroyables. Avec lui, tous les moyens étaient bons pour marquer, y compris de la main comme lors de ce fameux match contre le leader Strasbourg au stade Moulonguet. En l'occurrence, ce but valait de l'or, car il était le seul de la rencontre.

Quand il arrive à Amiens en août 1974, Alain Copé vient d'Avignon, autre club de deuxième division, mais dans un groupe différent de celui d'Amiens. Auparavant, il avait évolué à Lille et avait été entraîné à Grenoble par un grand monsieur : Albert Batteux.

Alain Copé, ici à gauche en compagnie de Beaujouan.

Alain Copé ne fut jamais avare de ses efforts sur un terrain. Il allait jusqu'au bout de ses forces et il fut un équipier exemplaire.

Professeur d'éducation physique, il s'est retiré dans sa région natale, près de Grenoble, où vit également l'ancien gardien Robert Ragon.

Gilles Crapoulet

Attaquant

Né le 16 février 1956 à Doullens (Somme)

Gilles Crapoulet est le type même du jeune joueur issu d'un club de district et qui, subitement, a la chance d'évoluer au plus haut niveau.

Au début, Gilles portait le maillot de l'US Flesselles dont il était la vedette. A l'époque, au cours des années 1970, les centres de formation n'existaient pas et les filières de recrutement en étaient encore au stade du balbutiement. A Flesselles, Gilles marquait but sur but dans son modeste championnat départemental. Sa chance est qu'à Flesselles, un dirigeant, Jean-Claude Guérin, avait des responsabilités à la Ligue de Picardie, et notamment à la commission des jeunes. Celui-ci signala les grandes qualités de buteur de Crapoulet à Jacques Devismes qui était le conseiller technique régional. Aujourd'hui, ce dernier reste toujours celui qui a été le plus grand conseiller technique régional de Picardie. Il supervisa le jeune Gilles et le retint ensuite en équipe de Picardie des cadets.

A cette époque, la Coupe nationale des cadets se disputait en phases éliminatoires. La Picardie, qui alignait des joueurs remarquables comme le regretté Omar Sahnoun, parvint en finale au Parc des Princes et s'imposa contre la Corse. Ce fut la seule victoire de cette région dans cette compétition. Un exploit jamais renouvelé.

Le destin de Gilles Crapoulet bascula et les événements s'accélérèrent. Gilles signa ensuite le plus logiquement à l'Amiens SC qui était entraîné par André Grillon. En ce début des années 1970, le règlement stipulait que chaque équipe devait aligner sur le terrain un joueur de moins de 18 ans. Ce fut donc la chance de Crapoulet qui passa sans transition des cadets aux seniors de deuxième division, sautant allégrement, en l'espace de quelques mois, une dizaine de divisions. *« Pensez que j'ai eu la chance d'évoluer aux côtés des Delecroix, Fromholtz, Skupnik, Imiéla, Beaujouan, Copé,* se souvient Gilles Crapoulet. *Le public m'appréciait parce que j'étais un gars du cru. La première saison, j'ai marqué 12 buts et je suis finalement resté cinq ans à Amiens en D2 et D3. »*

Mais tout a une fin. Gilles Crapoulet s'en est allé ensuite poursuivre sa carrière à Caen où il retrouva Pierre Mankowski et Angoulême où il s'est ensuite fixé puisqu'il a été embauché par la Ville en tant qu'éducateur sportif.

Michaël Debève

Attaquant et milieu de terrain

Né le 1er décembre 1970 à Abbeville (Somme)
A joué à Cambron, US Abbeville, SC Abbeville, Toulouse, Lens, Le Havre, Lens, Middlesbrough, Amiens, Abbeville en tant qu'entraîneur
364 matches en L1, 21 matches de Coupe d'Europe
International espoir, champion de France avec Lens

Michaël Debève n'est pas resté très longtemps à Amiens (deux petites saisons), car l'essentiel de sa brillante carrière s'est effectué à Toulouse et Lens.

Jamais il n'aurait eu la possibilité de jouer à Toulouse puis Lens s'il n'avait eu la chance de disputer la Coupe des Ligues avec l'équipe de Picardie des cadets. Toulouse lui fit les yeux doux. Il traversa toute la France et quitta sa région et sa famille. En dépit de l'éloignement, il n'eut pas à le regretter.

C'est à Toulouse et Lens qu'il a participé à plus de 350 matches de championnat de L1, qu'il est devenu champion de France avec Lens, a connu les sélections espoirs et un grand entraîneur, Jacques Santini.

A 16 ans, le petit Debève débutait en L1. Michaël est venu plus tard à l'Amiens SC alors qu'il était en fin de carrière. *« Tout est allé très vite. J'ai rencontré l'entraîneur Denis Troch et les deux présidents Pascal Pouillot et François Gossart. Nous étions sur la même longueur d'onde. J'avais envie de venir et le club me voulait. Nous nous sommes dès lors parfaitement entendus. »*

Sur le plan sportif, ce fut un parcours correct, sans plus. Titulaire indiscutable la première année, il a ensuite perdu peu à peu la confiance de son entraîneur Denis Troch. Jamais pourtant, Michaël ne s'est plaint et n'a mis en avant son statut de vedette. Il restait tout simplement au service du club.

Sur le plan humain, il a laissé en revanche un très bon souvenir. C'était un gentleman sur le terrain et en dehors. Il était toujours disponible et souriant, égal à lui-même, que ce soit dans les bons ou mauvais moments.

Michaël est parti discrètement pour revenir à son lieu de départ : Abbeville où, tranquillement, il a terminé son activité de joueur avant de devenir entraîneur. Et en retrouvant sa bonne ville d'Abbeville, il s'est un peu plus rapproché de la baie de Somme qu'il affectionne particulièrement, faisant remarquer qu'il est l'ami des chasseurs et des pêcheurs. Mais il a pu constater qu'entraîner le SC Abbeville n'est pas simple du tout et que nul n'est prophète chez lui.

David de Freitas

Milieu de terrain

Né le 30 septembre 1979 à Senlis (Oise)

David de Freitas est un pur Picard puisque né à Senlis, aux portes de Paris. Il était donc normal que ce joueur talentueux s'exprimant avec aisance dans le milieu de terrain, véritable meneur de jeu de son équipe, débute dans l'Oise. Plus particulièrement à Pont-Sainte-Maxence puis Beauvais, club dans lequel il effectue toute sa formation avant de se retrouver en L2. Il va même connaître les affres d'une relégation en nationale après avoir flirté avec la ligue 1.

« Tout petit, je voulais être footballeur professionnel. Alors, j'ai tout donné pour y parvenir. Je n'avais rien d'autre en tête. » Le petit David n'a qu'une idée en tête : suivre les traces de son père qui, au Portugal, avait été un excellent footballeur et avait décroché le titre national avec le FC Porto.

Il va ensuite deux années à Grenoble où sa réputation ne fait que grandir. Et c'est tout naturellement qu'à l'invitation d'Arnaud dos Santos, recruteur de l'ASC, de Freitas débarque à Amiens. Durant deux saisons (2005-2007), sous la houlette d'Alex Dupont puis de Ludovic Batelli, il va enchanter le public de la Licorne.

Garçon exemplaire sur et en dehors du terrain, d'une grande moralité, David de Freitas devient naturellement le capitaine d'une formation dans laquelle il fait preuve d'un grand charisme. « *Amiens possède des structures intéressantes. Je ne regrette pas du tout mon choix. Je pense qu'Amiens a les moyens de bien faire. Mon choix de revenir en Picardie est plus sportif que familial, car je veux encore progresser et travailler dans de bonnes conditions.* » Effectivement, au cours de cette saison 2006-2007, l'ASC démontre qu'il peut viser haut et même très haut. Avec un total jamais acquis pour un 4e, les équipiers de David de Freitas échouent aux portes de la L1, devancés par Metz, Strasbourg et Caen.

L'ASC ne peut toutefois garder David de Freitas qui, avec un certain regret, va quitter Amiens et la Picardie pour Nantes. Les Canaris viennent d'être relégués en L2 mais ils reviendront avec lui dans l'élite après une saison de purgatoire.

David de Freitas est toujours resté fidèle en amitié. Il n'oublie pas sa région puisqu'il donna son nom à la classe foot-études de Pont-Sainte-Maxence. Pont qui fut son premier club et son premier collège. Quand il était à Amiens, jamais il ne refusait d'apporter son concours à un tournoi, de rendre visite à de jeunes malades dans des hôpitaux. Tel était David de Freitas, un type bien sous tous rapports.

Jean-Louis Delecroix

Milieu de terrain

Né le 29 septembre 1947 à Nœux-les-Mines (Pas-de-Calais)
A joué à Nœux-les-Mines, Amiens, Friville-Escarbotin, Moreuil, Abbeville et aux Hospitaliers d'Amiens
Membre du conseil de la Ligue de Picardie en tant que représentant des éducateurs

Comment ne pas associer Jean-Louis Delecroix à Guy Fromholtz ? A moins que ce ne soit l'inverse ? Les deux hommes, qui s'étaient connus au régiment, furent sur le terrain des joueurs de tempérament, à l'activité débordante et dotés de poumons exceptionnels.

Au cours des années 1970, avec l'arrivée d'André Grillon, l'équipe amiénoise pratiquait un système de jeu complètement dépassé aujourd'hui : le 4-2-4. Ce système était surtout basé sur la défense en ligne. On devine l'importance du rôle des deux joueurs du milieu qui devaient couvrir un terrain

énorme, récupérer les ballons et alimenter ensuite leurs attaquants. La paire Delecroix-Fromholtz est celle qui a le mieux fonctionné durant cette période à Amiens. Les deux hommes se sont parfaitement entendus sur le terrain et leur amitié dure toujours.

Récemment, Jean-Louis Delecroix, qui a consacré toute sa vie au football, joueur d'abord, entraîneur ensuite (le mot éducateur convient mieux), a fêté ses 60 ans au milieu de sa famille et de ses amis. Parmi ces derniers, il y avait Guy Fromholtz.

Originaire de Nœux-les-Mines, Jean-Louis Delecroix a très tôt appris les vraies valeurs de la vie : travail, honnêteté et respect de l'autre. A Amiens, il a tout connu : la superbe saison 75-76 en division 2, la descente en troisième division, la remontée et même des problèmes conflictuels qui lui ont valu le purgatoire.

En 1986, il embrassa la carrière d'entraîneur-joueur à Friville-Escarbotin puis il alla dans des clubs de la Somme (Moreuil, Abbeville, Noyon), avant de réussir un très joli parcours avec les Hospitaliers d'Amiens dont il a contribué à la notoriété dans le monde national du foot d'entreprise. Mais jamais Jean-Louis Delecroix n'a coupé le cordon ombilical avec l'Amiens SC dont il fréquente toujours les travées et à qui il a consacré un album de photos-souvenirs. Preuve aussi qu'il aime toujours l'Amiens SC : son fils Paul joue en tant que gardien de but dans une équipe de jeunes.

Célestin Delmer

Demi-centre

Né le 15 février 1907 à Villejuif (Val-de-Marne)
14 fois international dont 6 fois à Amiens

Célestin Delmer, qui a également disputé la première Coupe du monde en 1930 en Uruguay, a connu 14 sélections, dont six à Amiens durant la saison 1930-1931. Il a été ensuite transféré à l'Excelsior où il connut à plusieurs reprises également la sélection tricolore.

Jacky Braun, ancien responsable tricolore des équipes juniors et espoirs, l'a connu : « *C'était un demi-centre classique, bon technicien, infatigable. Dans le système de jeu de l'époque, il était en tant que demi-centre la véritable plaque tournante de l'équipe. Dans la vie, c'était un garçon affable, attentif auprès des enfants qui étaient ses premiers supporters, et surtout très posé.* »

Dans le jeu en quinconce qui était en vigueur au début des années 1930, le demi-centre ou libéro évoluait en tant que couvreur derrière les autres défenseurs. Mais Célestin Delmer, en raison de sa position sur le terrain, se trouvait

devant les deux arrières. C'est à lui qu'appartenait le soin de colmater les brèches. De plus, il lui était demandé d'avoir une bonne lecture du jeu. Le voir évoluer était un plaisir. Il savait jouer des deux pieds, il n'était pas très grand mais son buste était droit. Ses passes étaient d'une grande précision.

Il était arrivé au club au début de la saison 1929-1930 et, très tôt, il gagna ses galons d'international en même temps qu'Ernest Libérati. Il participa également à l'épopée de la Coupe de France en 1930, qui vit l'Amiens AC parvenir jusqu'en demi-finale, éliminée de façon injuste par le Racing-Club de France.

Delmer et ses équipiers étaient, de fait, les prédécesseurs des Troch, Abalo, Lachuer, etc., qui, eux, eurent plus de chance en éliminant en demi-finale, lors de l'épreuve des tirs au but, l'équipe de Troyes.

Lors de l'assemblée générale qui devait suivre, le président de la commission de football de l'AAC lança à Delmer et ses partenaires ces paroles restées célèbres : « *Nos joueurs, en glanant des succès, ont senti croître leur ambition. Nous pensons même qu'après avoir entraîné un honorable sénateur à l'occasion de plusieurs déplacements, ils désiraient certainement serrer la main du président de la République en 1931 cette fois lors de la finale.* » De fait, il faudra attendre plus de soixante-dix ans pour qu'enfin un capitaine amiénois serre la main du chef de l'Etat.

Alors que l'ère du professionnalisme va bientôt sonner en France, l'Amiens AC va continuer sous le signe de l'amateurisme. Célestin Delmer est resté fidèle au club et il connaît encore les joies de la sélection en équipe de France avec Paul Nicolas et Ernest Libérati. A la fin de la saison, les dirigeants du club prennent une décision lourde de conséquences : l'AAC reste amateur. Ils estiment à tort que « *le football professionnel en France a du plomb dans l'aile* ». Ils commettent en réalité une lourde erreur et, peu après, c'est l'envolée. Pour sa part, Célestin Delmer s'en va porter les couleurs de l'Excelsior de Roubaix.

Déjà à cette époque, l'argent était le nerf de la guerre et si les dirigeants en manquaient, on disait alors qu'ils manquaient d'ambition. Près d'un siècle après, les mœurs n'ont pas tellement changé.

Michel Deraeve

Président

Michel Deraeve n'a jamais été joueur à l'ASC. Tout simplement président à un moment où le club commençait à connaître des turbulences sur le plan administratif.

Ce constructeur de pavillons et maisons individuelles fit venir Claude Le Roy et signer l'ancien international Marc Berdoll.

Il était arrivé au club à la fin de la saison 1978-1979 et connut plutôt les saisons de vaches maigres, celles du CFA puisque, trois saisons de suite, avec Claude Le Roy, le club échoua aux portes de la division 2. Ce bonheur, c'est avec Gaby Desmenez qu'il devait le savourer. Michel Deraeve apprécia ce moment à la fois délicieux mais éphémère d'autant que, durant l'été 1984, le vieux stade Moulonguet fut l'objet d'un remodelage avec une nouvelle tribune. Sous sa houlette, le club instaura des contacts avec les grandes entreprises amiénoises et avec les comités d'entreprise. Le problème est toujours d'actualité : il faut de l'argent pour acheter des joueurs et, à cette époque, il n'y avait pas ces fameux droits télévisés. Le président contribua à l'achat d'un panneau lumineux et d'une horloge qui permit au public de bien suivre le déroulement des matches. Il développa également les espaces publicitaires et les cartes de bienfaiteur. Malheureusement, les résultats ne suivirent pas sur le terrain.

La D2 était trop relevée pour les joueurs de Gaby Desmenez qui étaient, en outre, les enjeux de conflits de personnes et de querelles politiques. Dans ces conditions, Michel Deraeve ne devait pas longtemps rester en place. Il fut balayé lorsque débarquèrent au club, dans un premier temps le docteur Abet puis Gérard Delahaye, ainsi qu'un nouvel entraîneur, Camille Choquier.

C'était en quelque sorte le début des ennuis pour le club et pour Michel Deraeve, qui ne fut pas en définitive un mauvais président durant ses cinq années passées à la tête du club. Il avait, et il faut lui rendre cette justice, émis le vœu dès novembre 1984, lors d'une conférence de presse, que l'ASC obtienne au plus tôt le statut professionnel et puisse avoir un centre de formation digne de ce nom. Des vœux aujourd'hui exaucés.

A cette époque, il s'était également violemment attaqué à la municipalité de gauche d'Amiens à qui il reprochait de ne pas tenir ses promesses. Cette municipalité allait début janvier 1985 prendre un arrêté municipal afin d'interdire le match Amiens-Orléans au tout dernier moment alors que la pelouse, selon l'arbitre, était bien praticable. C'était un pas supplémentaire vers un divorce consommé entre l'ASC et la mairie dirigée par René Lamps.

Michel Deraeve qui, professionnellement, était peu souvent à Amiens, savait que ses jours étaient comptés. A ce moment, le club s'apprêtait à entrer dans une phase de turbulences, de règlements de comptes. Au point qu'il faillit bel et bien disparaître.

Le 1er avril 1985, Daniel Abet devint le nouveau président en présence de Gérard Houllier, entraîneur de Lens, et du Belge Georges Heylens, entraîneur de Lille. Le temps des promesses était venu et, pas très loin après, celui de la dégringolade.

Gaby Desmenez

Milieu de terrain puis entraîneur

Né le 4 janvier 1954 à Valenciennes (Nord)

Arrivé à l'Amiens SC en même temps que Claude Le Roy en tant que joueur, Gaby Desmenez l'a quitté cinq années plus tard en tant qu'entraîneur.

Pur Nordiste ayant très tôt fréquenté le bon vieux stade Nungesser comme ramasseur de balles, Gaby avait pour père l'entraîneur de Valenciennes. Léon Desmenez était un vrai personnage, un homme très exigeant et qui, très tôt, inculqua à ses enfants le goût du travail et la valeur des choses. *« Mon père m'a rarement félicité*, aimait à répéter Gaby. *C'était un homme dur mais si j'ai un peu réussi dans la vie, c'est parce que j'ai pu bénéficier d'un environnement familial exceptionnel. »*

Avant de jouer à Amiens, Gaby Desmenez possédait un joli palmarès puisqu'il avait évolué durant près de dix ans à Lille, Reims et Angoulême notamment, portant également le maillot de l'équipe de France espoirs.

Joueur sous l'ère Claude Le Roy, il se vit proposer le poste d'entraîneur-joueur par les dirigeants lorsque l'entraîneur quitta le club afin de rejoindre Grenoble. Sans véritable expérience et en dépit d'une grave blessure qui lui fit prendre du recul avec le terrain (rupture du tendon d'Achille), il driva de façon remarquable son équipe qui, en fin de saison, accéda à la deuxième division. Pour un coup d'essai, Gaby Desmenez avait réussi dans son entreprise. Il avait gagné son

Gaby Desmenez et son père.

pari en un an seulement alors que Claude Le Roy n'avait pu mener le sien en trois saisons.

Malheureusement, la saison en D2 fut une vraie catastrophe. La faute est à mettre sur le compte d'un climat malsain qui régnait à l'intérieur du club. Des dirigeants firent tout pour déstabiliser Gaby Desmenez, peu habitué à ce genre de manœuvres et de coups fourrés.

L'ASC descendait alors en troisième division et s'apprêtait à vivre des moments difficiles. Gaby Desmenez fut remercié. Il intenta un procès à son ancien club et partit pour Calais avant d'émigrer dans le sud de la France, à Nice.

Guero Dia

Attaquant

Né le 23 janvier 1949 à Dakar (Sénégal)

Transfuge de Creil, autre grand club picard du Championnat de France amateurs au début des années 1980, Guero Dia a rejoint l'Amiens SC au début de la saison 1983-1984. Il avait la lourde tâche de faire oublier les Laurent Bouchez, Pierre Mankowski et Lionel Beaugrand qui, avant lui, s'étaient distingués en tant que chasseurs de buts. L'équipe venait de se doter d'un nouvel entraîneur, Gaby Desmenez, après les trois années avec Claude Le Roy.

A Creil où il était arrivé en 1974, Guero Dia était un excellent attaquant, auteur de buts souvent décisifs. Il était le cousin de Youyou M'Baye qui joua également à l'ASC et forma avec Thierry Turquet un sacré duo d'ailiers de débordement.

Guero aurait dû avoir sa chance au niveau professionnel. Mais il a fait le choix de rester toute sa vie fidèle à ce bassin creillois qui l'avait accueilli avec sa petite famille. Il continua de travailler tout en jouant à Amiens (il était alors

Youyou M'Baye.

soudeur chez Brissonneau). Mieux, et c'est un exemple quasi unique, plusieurs fois par semaine, Guero prenait le train entre Creil et Amiens. Il s'entraînait en fin de journée au stade Moulonguet et repartait le soir. On devine que ce rythme infernal ne pouvait durer longtemps.

Il n'est finalement resté qu'une petite saison à Amiens mais ses dirigeants et son entraîneur n'ont eu qu'à se louer de ses services. D'autant justement qu'en fin de saison, l'équipe accédait enfin à la deuxième division, rempart sur lequel Claude Le Roy avait échoué trois fois de suite.

Alors qu'il venait de quitter l'ASC et de retourner à son club de départ, Creil, Guero Dia fut remplacé par son beau-frère Youyou M'Baye, né le 30 mars 1959 à Dakar.

M'Baye devait former avec Thierry Turquet, lors de cette saison en division 2, un duo d'ailiers de débordement inégalé. Il est revenu plus tard dans l'Oise au club de Chantilly mais n'a jamais oublié son passage dans le club de la capitale picarde où il donna souvent l'image d'un joueur élégant et efficace.

Guero Dia mena ensuite une vie très calme et eut trois filles qui devinrent d'excellentes athlètes. Parmi elles, Fabe a participé aux Jeux olympiques, obtenant une médaille de bronze dans le relais 4 x 100 mètres en 2000 à Sydney.

Hamed Diallo

Attaquant

Né le 18 décembre 1976 à Daloa (Côte-d'Ivoire)

Immédiatement après la finale de la Coupe de France en mai 2001, Denis Troch, qui vient de faire remonter l'équipe d'Amiens en L2, décide de renforcer son attaque. L'Ivoirien Hamed Diallo qui a joué précédemment au Havre, son premier club en France (c'est le président Hureau qui l'a fait venir le premier), débarque à l'ASC. Il ne tarde pas à s'affirmer et à devenir la bête noire des défenses adverses.

Avant Amiens, Hamed n'a connu que deux clubs en France : Laval et Le Havre où ses qualités de buteur ont été remarquées. A l'ASC, il retrouve son entraîneur de Laval, Denis Troch. Redoutable chasseur de buts, Diallo répète souvent : *« L'essentiel n'est pas de marquer. Certes, je suis souvent seul devant le but adverse mais mes équipiers travaillent beaucoup pour moi. J'aime faire beaucoup d'appels avec l'espoir que mes équipiers me donnent de bons ballons. Mon travail consiste à travailler beaucoup sur le terrain et faire en sorte que la défense adverse soit déséquilibrée afin de créer des brèches pour mes équipiers. Dès que le ballon est au fond, je suis très heureux. Un but reste un but. Même s'il est marqué de la cuisse.*

Quand je marque et que l'équipe gagne, je suis encore plus heureux. Sur un terrain, je ne doute jamais. Je m'accroche toujours, c'est ma force. »

Au cours de sa première saison à Amiens, il marque une vingtaine de buts et démontre sa force de frappe. Cela lui vaudra les compliments de Robert Buchot, autre grand buteur amiénois des années 1970 : « *Jouer attaquant de pointe est une tâche ingrate, délicate et sans cesse sujette à la critique. Hamed est un bon joueur. Il est fort moralement. Il va sans cesse vers l'improvisation et, sur un terrain, il est inné. Il m'apporte de l'émotion quand je le vois jouer. C'est un artiste et j'adore les artistes. C'est un joueur vraiment imprévisible et avec lui, il n'y a jamais rien de programmé.* »

Mustapha Diop

Longtemps, dans les années qui ont suivi la seconde guerre mondiale, Amiens est allé faire son marché et se renforcer du côté de la Pologne et de la Yougoslavie qui n'avait pas encore éclaté. A la fin des années 1960, l'ASC a changé ses habitudes et s'est déplacé de l'autre côté de la Méditerranée, le plus souvent au Sénégal.

En décembre 1968, alors qu'André Grillon vient tout juste d'arriver comme entraîneur, un authentique international sénégalais débarque au stade Moulonguet. Le président Yvon Legras n'est pas peu fier de présenter aux journalistes ce joueur, frigorifié du reste puisque nous sommes à quelques jours de Noël. Il s'agit de Mustapha Diop dont la mission est alors très simple : améliorer le rendement offensif de l'équipe.

Diop est âgé de 25 ans. Il possède une belle carte de visite : il a porté le maillot de l'équipe nationale à 21 reprises et il vient du foyer France de Dakar. André Grillon le connaît bien puisqu'il l'a eu sous sa coupe en CFA lorsqu'il entraînait le club d'Annecy. Mustapha Diop est un attaquant racé et très bon dans le jeu aérien. Il sera la grande vedette de l'équipe durant à peine une saison.

Cette vedette est fauchée en pleine gloire en octobre 1969. Au stade Moulonguet, contre Quevilly, dans un match de championnat, il est victime d'une grave blessure au genou. Certes, il rejouera mais sa carrière sera abrégée. Mustapha Diop ne retrouvera jamais l'intégralité de ses moyens physiques et laissera l'image d'un joueur talentueux qui n'a pu aller au bout de son rêve.

Mustapha Diop donne en tout cas des idées à ses compatriotes qui commencent à connaître la ville d'Amiens. Louis Gomis, un solide milieu de terrain, arrive un peu plus tard et sa réputation va grandir à l'ASC. Ce gaillard est international sénégalais depuis l'âge de 17 ans. S'il vient à Amiens, c'est que son ami Diop lui a chaudement recommandé le club entraîné par André Grillon.

Après Diop et Gomis joueront à Amiens Mocktar Niang et Bamba Diarra. Ce dernier est l'objet d'âpres discussions entre la fédération sénégalaise qui veut profiter de la situation et l'Amiens SC. Alors que les Jeux olympiques de Munich battent leur plein en 1972, Jean Fontaine, dirigeant influent d'Amiens, doit effectuer le déplacement à Munich. Il y rencontre le ministre des Sports du Sénégal, Lamine Diack, et traite définitivement le contrat. Diack était un redoutable négociateur. Dans sa jeunesse, il avait été champion de France du saut en longueur avant de devenir sénégalais lorsque ce pays obtint son indépendance en 1960.

Près d'un quart de siècle plus tard, les relations entre Amiens et le Sénégal se sont non seulement intensifiées mais elles sont marquées régulièrement par des échanges. Un partenariat a été signé entre l'ASC et le centre de formation de Dakar. Un membre de la cellule de recrutement de l'ASC, Adès Oubella, se rend régulièrement au Sénégal où il va dénicher les futurs talents. Le jeune Jean Niang est venu grâce à ce système.

D'autres Sénégalais ont également joué à l'ASC, comme Mallo Diallo, Mahamadow Diaw, international espoir, M'Baye Leye, tandis que de nombreux jeunes du club, notamment les internationaux en 18 et 19 ans Abdou Balde et Issiar Dia, ont des origines sénégalaises, leur famille s'étant implantée dans la région parisienne après avoir quitté le pays.

Abdou Balde conduisait même l'attaque de l'équipe de France des 17 ans qui est devenue championne d'Europe en Irlande avec pour entraîneur Jean Gallice.

Thierry Dobelle

Milieu de terrain

Né le 20 octobre 1965 à Amiens (Somme)

Il est rare qu'un joueur, devenu ensuite éducateur et entraîneur, ait été aussi fidèle à l'Amiens SC que Thierry Dobelle.

Né à Amiens, ce joueur à la crinière rousse, extrêmement combatif, râleur comme pas un, meneur d'hommes à défaut d'être meneur de jeu, a quasiment toujours résidé dans la région de Conty, plus particulièrement à Belleuse. C'est du reste à Conty qu'il a débuté avant de se faire repérer par Robert Buchot et Paul Imiéla qui avaient franchi la rampe et étaient devenus à leur tour entraîneurs mais également prospecteurs, à la recherche de l'oiseau rare. C'est Pierre Mankowski qui le fit vraiment progresser au sein des différentes équipes de jeunes. Néanmoins, Thierry Dobelle ne fut jamais retenu en équipe de Picardie. Il en éprouva un réel dépit qu'il oublia par la suite. En effet, Camille Choquier

l'appela au sein de l'équipe A qui allait en fin de saison 1985-1986 s'adjuger le titre en division 3 et gagner le droit de remonter en division 2. Dès lors, il était parti pour réussir une belle carrière. Il devint un maillon essentiel de l'équipe que ce soit en division 2 ou en division 3.

Cette division 2 dont il rêvait constamment, il devait la connaître mais malheureusement pas toujours dans des conditions idéales. Il fut même un des leaders de cette équipe de minots qui, sous la houlette d'Hugues Jullien, remonta de D4 en D2.

Durant toute sa carrière, son statut d'employé municipal l'a fait longtemps hésiter. Devait-il devenir professionnel à part entière, quitte à abandonner son emploi à la mairie d'Amiens ? S'il se décida à franchir le Rubicon, il n'abandonna jamais son emploi municipal.

Durant quelques années, il préféra mettre sa carrière professionnelle entre parenthèses. Il voulait se garder une poire pour la soif, lorsque le moment serait venu de se retirer des terrains. Par la suite, Thierry Dobelle est devenu entraîneur au niveau des jeunes puis responsable de l'école du football de l'ASC.

Le nom de Dobelle n'a pas disparu puisque le fils, Camille, est parti pour réaliser une belle carrière mais dans un tout autre registre. Si Thierry était droitier, Camille possède pour sa part un sacré pied gauche et, sur le plan technique, Camille est largement supérieur.

Reste maintenant à savoir s'il aura les qualités mentales, la combativité et la hargne du père !

Après un quart de siècle à l'ASC, Thierry Dobelle s'en est allé entraîner le SC Abbeville.

Arnaud dos Santos

Joueur puis entraîneur

Né le 19 septembre 1945 à Beautor (Aisne)
A joué à Boulogne, Monaco, Rouen, Troyes, Lille, Bordeaux. Entraîneur à Lille, Lens, Beauvais, Rouen, Amiens et Istres

Disputer 519 matches de division 1 au cours d'une carrière professionnelle est chose rare. Arnaud dos Santos, qui fut entraîneur de l'ASC puis, plus tard, responsable de la cellule de recrutement du club, peut être fier de son parcours.

Originaire du département de l'Aisne, après avoir écumé les concours du Jeune Footballeur, le petit Arnaud, célèbre au début de sa carrière par sa moustache et son opulente chevelure, a évolué dans de nombreux clubs, notamment Bordeaux, Monaco, Rouen, Troyes, Boulogne où il débuta et surtout Lille.

En tant qu'entraîneur, il fut celui de Beauvais et eut sous sa coupe des garçons qui, par la suite, ont fait leur chemin. Parmi eux, le plus célèbre est assurément Bruno Metsu. C'est durant l'été 1994, soit dix ans après Beauvais, qu'il débarqua à l'Amiens SC dont les matches se disputaient encore au stade Moulonguet. L'ASC venait de retrouver sa place en division 2 avec Patrick Parizon dont le contrat de deux ans prenait fin et n'était pas renouvelé. Le président Pascal Pouillot appela donc Arnaud dos Santos qui était alors convaincu, à juste titre du reste, qu'Amiens devait être une place forte du football français.

Le bilan de dos Santos à Amiens est plutôt mitigé. Il a tenté de donner un certain style de jeu à l'équipe, de professionnaliser le club qui vivait ses dernières saisons au stade Moulonguet. *« J'étais en totale osmose avec le président Pascal Pouillot. Il tenait le rôle de gestionnaire très strict et, de mon côté, j'étais exigeant avec les joueurs mais cela m'a joué des tours. J'ai essayé de transmettre mon message avec mes qualités et mes défauts et je pense que j'étais dans le vrai. »*

La fin de l'aventure fut malheureuse pour dos Santos. Au cours de la saison 1998-1999, après cinq défaites consécutives, le président Pascal Pouillot décida que René Marsiglia collaborerait avec le tandem dos Santos-

Abraham. Cette solution fut éphémère puisque, exactement une semaine plus tard, dos Santos était carrément démis de ses fonctions et remplacé par le seul René Marsiglia (novembre 1998). A ce moment, l'ASC était tout simplement dernier du championnat de D2.

Le rêve d'Arnaud dos Santos, qui était d'entraîner au stade de la Licorne, ne put jamais se réaliser. *« J'ai l'impression de ne pas avoir assisté à l'accouchement d'un beau bébé. »*

Après avoir connu une période de chômage puis entraîné le club d'Istres, Arnaud dos Santos est revenu terminer sa carrière à l'ASC en s'investissant totalement au sein de la cellule de recrutement dont il a été l'une des principales chevilles ouvrières. Le 31 décembre 2007, le plus discrètement du monde, il mettait un terme à une carrière dont on peut affirmer qu'elle fut à la fois longue et correcte.

David Ducci

Gardien puis directeur administratif du club

Né le 25 mars 1969

Dans l'histoire de l'Amiens SC, David Ducci est un cas. Il a d'abord été un bon gardien de but et, plus tard, il a été le directeur administratif du club lorsque celui-ci a perdu sa place en D2 pour le nationale.

Son équipier Robert Drawilo (un joueur venu de Nouvelle-Calédonie) l'avait comparé à un chat tellement il était agile et souple sur sa ligne de but. Pas très grand, David Ducci savait qu'il devait être plus spectaculaire que ses rivaux. Habitué à rencontrer des conditions favorables (il avait précédemment évolué au Gazelec d'Ajaccio), David Ducci a disputé son premier match amical avec l'ASC qui venait de retrouver la division 2 en juillet 1991. Cela se passait sur le terrain détrempé de Formerie dans l'Oise contre le voisin beauvaisien. Ducci fut étincelant et engagé sur le champ par son entraîneur Hugues Jullien, soulignant *« un tel joueur se garde »*. David Ducci déboulonna de son socle Eric Luczkow qui avait pourtant contribué à la remontée en D2. Mais on le sait depuis longtemps, il n'y a guère de sentiments dans le football.

David Ducci effectua ses grands débuts par une défaite 2-0 en août 1991 à Bourges. Il fut titularisé mais, un an plus tard, devait connaître le même sort que Luczkow puisque, avec le nouvel entraîneur Patrick Parizon, il fut remplacé par Alain Wantz. Ce dernier devint même le capitaine de l'équipe.

David Ducci revint ensuite à l'ASC en tant que directeur administratif et il eut cette chance de vivre la formidable saison 2000-2001, lorsque l'ASC parvint en finale de la Coupe de France et remonta de nationale en D2. Surtout, c'est grâce à lui et à la connaissance des règlements qu'Amiens allait remporter un match sur tapis vert contre Noisy-le-Sec. Avec le recul, rien ne dit que, sans ces 3 points supplémentaires (Amiens avait été battu sur le terrain), la remontée eût été acquise...

Après Amiens, David Ducci s'en est allé chez les Chamois Niortais.

Emmanuel Duchemin

Milieu de terrain défensif

Né le 14 mars 1979 à Amiens (Somme)
A joué à Amiens puis à Nancy avec qui il a gagné en mai 2006 la Coupe de la Ligue contre Nice

Durant plusieurs années, il a incarné à merveille l'esprit régional à Amiens. Il n'était pas tout à fait seul puisque, à ses côtés, figuraient Oscar Ewolo et Cyrille Merville. Emmanuel Duchemin a en effet gagné ses lettres de noblesse à l'Amiens SC où il est arrivé très jeune. « *Je suis arrivé à l'Amiens SC en 1989 et c'est Gérard Bréant qui m'a fait venir. Je suis resté deux saisons avec lui chez les pupilles et nous avons alors tout gagné : Coupe de la Somme et Coupe de Picardie. C'est à cette époque que j'ai espéré devenir professionnel. Je voyais évoluer les pros et cela me faisait quelque chose. J'ai même été ramasseur de balles au stade Moulonguet.* »

Sur la touche, le petit Manu Duchemin, qui avait effectué ses vrais débuts à la Fraternelle d'Ailly-sur-Noye (village situé à une vingtaine de kilomètres de la capitale picarde), s'émerveillait devant les prouesses techniques de l'international algérien Lakhdar Adjali et de l'attaquant Olivier Pickeu.

Un peu plus tard, il eut la chance de devenir leur équipier et même de participer avec Adjali à la finale de la Coupe de France, en mai 2001.

Emmanuel Duchemin avait reçu très tôt une bonne éducation. D'où le respect de certaines valeurs comme l'honnêteté et le respect de l'autre, qu'il soit équipier, adversaire ou arbitre. Il avait en horreur cette image de deux entraîneurs s'insultant sur le bord de la touche. Sur le terrain, il mettait ses qualités individuelles au service de l'équipe. Il récupérait dans un premier temps les ballons qu'il distribuait proprement aux attaquants. *« On me demande de récupérer, défendre et percuter »*, disait-il tout en ajoutant qu'il n'aimait pas courir. Cela paraissait d'autant plus surprenant qu'il abattait durant 90 minutes un terrain énorme. *« Sur un terrain, je ne compte pas mes efforts et je me donne au maximum sans calculer. Mais il faut qu'il y ait un ballon. A l'inverse, courir autour d'une piste, ce n'est pas mon truc. »*

On pensait qu'Emmanuel Duchemin serait amiénois pour longtemps. Mais tout a une fin et il s'en est allé à Nancy où, avec Pablo Correia comme entraîneur, il a bien relancé sa carrière et gagné la Coupe de la Ligue, disputant dans la foulée des rencontres comptant pour la Coupe UEFA.

Nancy, ce club qui n'en finit pas d'aller faire son marché à Amiens puisque, après Duchemin, ont suivi l'attaquant Issiar Dia et le défenseur Joël Sami.

Oscar Ewolo

Capitaine de l'équipe nationale du Congo

Né le 9 octobre 1978 à Brazzaville (Congo)

C'est en suivant son père journaliste à Amiens que le jeune Oscar Ewolo s'est fixé pour un bon moment à Amiens. Enfant de la balle, il est rapidement remarqué par un des entraîneurs du club, Patrick Abraham, qui le fait venir à l'Amiens SC après avoir fréquenté de petits clubs d'Amiens ou de sa périphérie : Saint-Sauflieu, Pont-de-Metz et Saint-Roch, ce dernier étant un club de quartier de la capitale picarde.

Oscar Ewolo est à l'époque un jeune homme insouciant. Il souligne souvent, que sans le football, peut-être aurait-il commis des bêtises. A Amiens, il va apprendre son métier de footballeur professionnel. D'abord avec Arnaud dos Santos qui lui donne sa chance en division 2. Tout débute en effet le 8 août 1998 sur le terrain de Valence où l'ASC entame le championnat. Logiquement,

Oscar Ewolo est remplaçant mais, la veille, lors d'un entraînement, Mamadou Kane, le Sénégalais de l'équipe prévu en tant que titulaire, se blesse.

Du coup, Arnaud dos Santos décide de titulariser Oscar Ewolo qui va évoluer dans le milieu de terrain aux côtés de Pinho et Frétard. Oscar, qu'on a souvent snobé pour son dilettantisme et qui a même failli être prêté à Valenciennes (alors en nationale), saisit à pleines mains la chance qui lui est offerte. Il sait très bien que les plats ne repassent pas une deuxième fois et qu'on a toujours ce qu'on mérite. Plus tard, Denis Troch lui a souvent répété *« dans la vie, on n'a rien sans travail »*. Toutefois, c'est avec Christian Gourcuff, à Lorient, qu'Oscar Ewolo va s'épanouir, prendre une énorme dimension et afficher ses grosses qualités.

Oscar Ewolo a connu à Amiens une magnifique saison 2000-2001. L'ASC redescendu en nationale, Oscar devient l'un des maillons principaux de l'équipe qui va accumuler les performances et faire rêver toute une région, alors que le département de la Somme souffre, car des inondations ont causé de nombreux dégâts un peu partout. Quart de finaliste de la Coupe de la Ligue (battu par Lyon) et surtout finaliste de la Coupe de France, le club d'Amiens réussit, et de loin, la meilleure saison de son histoire. Au Stade de France, contre Strasbourg, l'ASC est battu lors d'une fatidique et insoutenable épreuve des tirs au but. Le retour à Amiens le lendemain après-midi est grandiose. Des milliers de spectateurs attendent Oscar et ses équipiers qui sont fêtés comme des héros. Des héros qui, peu après, vont gagner le droit de renouer avec la division 2.

Oscar Ewolo est resté dix ans à Amiens. On le croyait définitivement marié avec le club tant il paraissait installé à tout jamais dans la capitale picarde. Amiens dont il disait fréquemment qu'il était pour lui un club particulier, celui qui l'avait formé. « *Je connais tout le monde et même les stadiers que j'appelle par leur prénom.* » Mais le monde du football est parfois cruel. Son contrat n'ayant pas été renouvelé, Oscar fait ses valises et part pour Lorient où l'entraîneur Christian Gourcuff lui fait confiance et lui donne du temps de jeu. Il rebondit de superbe façon puisqu'en fin de saison, les Merlus accèdent à la L1.

Oscar Ewolo se caractérise par son amour pour Dieu qu'il découvre le 31 décembre 1999 lorsqu'il entre dans une église. Depuis, il a décidé de marcher dans les pas du Seigneur et toute sa vie s'en est trouvée modifiée. « *Quand je parle de moi, j'associe mon nom à celui de Jésus. Dans le cœur de chaque homme, il y a une pensée de l'éternité. Dieu ne se voit pas mais on sait qu'il est là. Dieu me donne tout et me permet de respirer. Je suis enfant de Dieu qui, chez moi, prend la première place. L'argent n'est pas tout dans la vie mais Dieu ne m'a jamais dit que je dois être pauvre. Personne n'est irremplaçable. Sauf Dieu.* »

Par ailleurs, Oscar a longtemps été le capitaine de l'équipe du Congo et, à ce titre, il se permettait d'aller dialoguer avec le ministre des Sports et le président de la République. Dans son pays, il est considéré comme une véritable idole. Mais Amiens reste sa ville, celle qui a vu démarrer son ascension dans la vie et sur les terrains de football. Celle dans laquelle vit toute sa famille et dans laquelle il revient aussi souvent que possible. Amiens où il a décidé de se marier en juin 2008.

Jacques Falize

Défenseur

Né le 25 janvier 1930 à Buire-sur-l'Ancre (Somme)

« *Dans la famille, on ne flattait pas. J'ai été élevé à la dure avec rigueur et ma vie a été rythmée par les travaux des champs. Je me souviens que, dès l'âge de 9 ans, je ramas-*

sais les balles de paille. » Ainsi parle Jacques Falize, grand joueur de l'Amiens Athlétic Club, homme qui, sur le terrain, se caractérisait par une attitude très physique, au point que son surnom est resté célèbre : Ch'bœuf. Mais en dehors du football, quel homme généreux il fut ! Quel sportif intransigeant il a été, avec ses principes basés sur un amateurisme total ! Un homme qu'on ne rencontre plus guère aujourd'hui dans les sphères sportives. Hélas !

Jacques Falize est un homme de la campagne. Né à Buire-sur-l'Ancre, près de Ribemont-sur-Ancre, à une vingtaine de kilomètres d'Amiens, il est toujours resté fidèle à son village. C'est à Buire qu'il débute avant de rejoindre en 1945-1946 le grand club d'Amiens par l'entremise d'un oncle qui était l'ami d'un grand dirigeant de l'époque devenu ensuite président : monsieur Poidevin. C'est aussi l'occasion pour le jeune Jacques Falize d'approcher son idole, le grand Urbain Wallet, international des années 1930 et qui achève sa carrière.

Jacques Falize va rester vingt ans à l'AAC. Une fidélité rare.

Il arrive au club alors qu'il est cadet. Quelques années plus tard, au moment où le club arrive en fin de cycle du professionnalisme, il a la chance de disputer quelques matches. Il est tellement heureux de jouer en deuxième division qu'il ne réclame pas les primes qu'il aurait dû toucher. Le club redevenu amateur évolue alors en promotion Honneur avant de réintégrer le CFA (Championnat de France amateurs).

Jacques Falize et ses équipiers remportent lors d'une saison le championnat dans le groupe Nord.

Le 15 janvier 1961, sur le terrain de Boulogne, Amiens rencontre le grand Stade de Reims pour le compte des 32es de finale de la Coupe de France. Capitaine de l'AAC, il est amené peu avant le coup d'envoi à serrer la main de son homologue champenois qui n'est autre que le célèbre Raymond Kopa. Malgré la défaite (6-0), il conserve de ce moment fugitif un très bon souvenir et garde bien au chaud la photo-souvenir. C'est qu'à cette époque, le Stade de Reims est la grande équipe du moment en France et aligne de nombreux internationaux : Colonna, Fontaine, Siatka, Rodzyck, etc.

Jacques Falize reste fidèle à son club jusqu'en 1966 mais le départ va lui rester en travers de la gorge. Alors qu'il s'attend à une reconversion sportive au sein du club, celui-ci ne lui propose rien. Très déçu, il va jouer dans un club proche de son domicile, à Albert, et c'est là qu'à la fin des années 1980, il célèbre son jubilé. Il se retire alors définitivement dans son village. Une deuxième vie sportive l'attend : le ballon au poing. Un sport typiquement picard et qui se joue avec les poings. Falize est d'abord un joueur talentueux, un foncier de grand niveau. Régulièrement, le 15 août, il emballe le public qui se rend à la Hotoie, le rendez-vous des aficionados de ce sport. Un peu plus tard, il devient président de la Fédération française de ballon au poing.

Il faut attendre 1989 pour que le président de l'époque de l'Amiens SC, Julien Burnay, lui remette officiellement la médaille d'or de la Jeunesse et des Sports au cours d'une sympathique réception au stade Moulonguet, avant un match.

Franchement, des types comme Jacques Falize, ça n'existe vraiment plus de nos jours.

Malik Fall

Milieu de terrain

Né le 17 novembre 1968 au Sénégal

La filière sénégalaise est, depuis les années 1960, très présente à Amiens, mais quand un joueur sénégalais débarque à Amiens, c'est qu'il a été chaudement

recommandé. Tel est le cas de Malik qui, en octobre 1985, arrive dans la capitale picarde à l'initiative de son oncle, le populaire Babacar M'Baye, plus connu sous le nom de Youyou.

Malik Fall a incarné la classe à l'état pur. Ceux qui ont eu la chance de le voir évoluer au sein de l'équipe qui allait effectuer un superbe parcours dans le Challenge Gambardella (saison 1986-1987) ont gardé en mémoire l'image d'un joueur doué, ayant reçu tous les dons du ciel tant sur le plan physique que technique.

Malik n'a que 15 ans lorsqu'il fait la connaissance du vieux stade Moulonguet mais, à cet âge, il a déjà disputé de nombreuses rencontres du championnat de première division du Sénégal.

Ancien international sénégalais, son père souhaite que son gamin poursuive d'abord ses études. De son côté, Malik ne l'entend pas de cette oreille et, au contraire, il fait tout pour devenir un bon joueur de football. Ses études finalement, Malik va les poursuivre à la cité scolaire d'Amiens et il passe même son bac en fin de saison.

Au cours de cette saison 1986-1987, alors que le club accumule les contre-performances et va du reste redescendre en troisième division, Malik emmène ses jeunes copains (notamment Manu Parsy, Thierry Bonalair, Christophe Raymond et Teddy Bertin) jusqu'en demi-finale du Challenge Gambardella. Après avoir éliminé en quarts de finale l'équipe de Nantes au sein de laquelle évoluent deux jeunes de talent, Didier Deschamps et Marcel Desailly, les jeunes joueurs de Robert Buchot chutent en demi-finale. A Troyes, le 13 mai 1987, alors que les Beauvaisiens de Bruno Metsu sont également éliminés par le Racing de Paris, les juniors amiénois s'inclinent devant Grenoble emmené par Youri Djorkaeff. Malik Fall est dès lors lancé sur une voie royale. Camille Choquier l'appelle même en fin de saison pour jouer en D2 et, par la suite, Malik va devenir une des vedettes du stade Moulonguet, toujours prompt à s'enflammer.

Par la suite, Malik Fall émigre à Abbeville puis à Angers durant deux saisons avant de revenir à Amiens lors de la saison 1992-1993 avec Patrick Parizon, mais sa carrière va se terminer prématurément pour cause de blessures à répétition, notamment au genou.

Qu'importe, il fut un grand joueur mais, comme les étoiles, elles passent trop rapidement.

Louis Finot

Attaquant

Né le 8 juillet 1909 à Saint-Maur (Oise), décédé en 1996
7 fois international
Champion de France en 1935 avec Sochaux

Louis Finot fut sûrement l'un des joueurs français ayant le plus voyagé au cours de sa carrière. Ainsi, s'il a effectivement évolué à l'Amiens Athlétic Club pendant la guerre de 1942 à 1944, il n'est pas inutile de rappeler qu'il a aussi évolué dans 16 autres clubs.

Joueur, il était très rapide. On l'appelait justement « la Courette » ou « Fifi ». Il est vrai qu'il fut longtemps indécis : allait-il se lancer dans l'athlétisme, car il avait de réelles qualités de sprinter, ou bien poursuivre dans le football ? Il hésita tellement qu'il ne choisit pas et pratiqua les deux disciplines. A ce jour, il demeure le seul sportif de haut niveau à avoir été international en athlétisme et en football (7 sélections de 1930 à 1934 avec le CA Paris).

Quand il arrive à Amiens, il se trouve plutôt en fin de carrière. Il cumule le poste d'entraîneur-joueur avec à ses côtés le prestigieux Roger Grava. Epoque

Equipe fanion de 1942. On reconnaît de gauche à droite, accroupis : Galland, Finot, Grava, Fertel, Rousseau ; debout : Caron, Sombetzki, Cardon, Manoukian, Vasquez et Bonhomme.

plus que difficile d'autant que le stade Moulonguet a été malmené et bombardé et a subi de gros ravages.

Après Amiens, Louis Finot ira poursuivre sa carrière dans bien d'autres clubs, notamment au Red Star.

Hervé Fontaine

Milieu de terrain

Né le 10 janvier 1952 à Campagne-lès-Hesdin (Pas-de-Calais)

Certains vont peut-être s'interroger sur la présence d'Hervé Fontaine dans cette galerie de joueurs ayant marqué l'histoire du club. Tout simplement, Hervé Fontaine a été sûrement le joueur de l'ASC ayant été le plus sifflé et le plus détesté de la part des supporters dans les années 1970. A cette époque, il arrivait même que l'entraîneur, André Grillon, ne le titularise qu'à l'extérieur. A

domicile, au stade Moulonguet, cela devenait impossible car, dès qu'il touchait le ballon, Hervé Fontaine était l'objet de sifflets et de railleries.

« Il arrivait aussi que, sur le terrain, des équipiers ne me passent pas le ballon afin de me rendre service. Ce fut vraiment une période difficile pour moi. J'ai reçu des lettres anonymes d'insultes et j'ai eu des pneus crevés sur ma voiture. On balançait de la purée sur la carrosserie. J'ai même vu des gens se battre pour moi dans les tribunes », se souvient Hervé Fontaine. Mais pourquoi cette hostilité ?

Hervé Fontaine était simplement le fils de Jean Fontaine, vice-président du club, qui était très proche de l'entraîneur. Le public s'imaginait, à tort, que c'était suffisant pour être retenu dans l'équipe. Ce n'était évidemment pas le cas car jamais, au grand jamais, son père n'a fait pression sur André Grillon. Lui aussi a souffert de cette hostilité. Un jour, après un match au stade Moulonguet, Jean Fontaine constata que les quatre pneus de son véhicule avaient été crevés. Des gestes imbéciles mais, malheureusement, ils sont toujours en vigueur dans notre football.

En dépit de ces sifflets et insultes, Hervé Fontaine a beaucoup aimé l'ASC où il a signé sa première licence à l'âge de 12 ans. Il eut la chance d'évoluer aux côtés de Pierre Mankowski et de Patrick Maison, les superdoués de l'époque. Il eut aussi la chance, mais il ne fut pas le seul, d'avoir pour entraîneur André Grillon.

Par la suite, il devint l'entraîneur de l'équipe C du club jusqu'au moment où Camille Choquier lui signifia qu'il ne voulait plus de lui.

Si sa carrière de footballeur peut légitimement lui laisser des regrets, à l'inverse sa vie professionnelle a été une réussite. Il a mené de pair son activité professionnelle au Crédit universel à Amiens et le football.

Son père, qui est toujours un dirigeant très écouté au club, dit simplement : *« Hervé a eu beaucoup de courage, car ce n'était pas du tout évident. »*

Forcioli, Flautre et les autres

Dans les années 1960, Amiens avait la chance d'avoir deux casernes qui acceuillaient les jeunes bidasses de toute la France. La caserne Dejean et le 406, avenue Foy et rue Jules Barni, recélaient parmi toute cette jeunesse militaire d'excellents joueurs de football, et en particulier de gardiens. Pour les dirigeants de l'AAC, il s'agissait donc d'un superbe réservoir de jeunes éléments talentueux.

Après un garçon comme Jean Capart qui a laissé une trace dans l'histoire du football amiénois, une place de choix est réservée à Bernard Forcioli (il est né le 2 avril 1936 à Boulogne) qui avait longtemps joué à Boulogne et s'était ensuite retrouvé au 406 d'Amiens.

Lors d'un match amical contre l'AAC, Forcioli tapa dans l'œil des dirigeants amiénois. Forcioli signa donc pour son nouveau club. Il devait y rester de septembre 1956 à juin 1959. Tout se passait bien jusqu'au moment où Forcioli retrouva la vie civile tout en continuant à résider à Boulogne. Or, le règlement de l'époque stipulait qu'un joueur amateur ne devait pas habiter à plus de 100 kilomètres, alors qu'entre Amiens et Boulogne, il y en avait 105.

L'épreuve de force était engagée, d'autant qu'à cette époque, le joueur professionnel sous contrat avec un club était lié en principe jusqu'à la fin de sa carrière. Pour rien au monde, Forcioli ne serait pourtant retourné à Boulogne, club professionnel mais dans lequel régnait, disait-il, une mauvaise ambiance. Il ne voulait jouer qu'à Amiens. Il se plaisait tellement dans la ville et dans le club qu'il n'avait pas hésité à inviter toute l'équipe à son mariage en avril 1957.

En juin 1959, après que l'AAC eut décroché le titre de champion du groupe Nord de CFA, Bernard Forcioli retourna cependant à Boulogne où il poursuivit sa carrière professionnelle jusqu'en mai 1961. Il alla ensuite à Calais jusqu'en 1971 et se retira définitivement à Wimereux, ayant entraîné le club local.

Bernard Forcioli a révolutionné, du moins à Amiens, le poste de gardien. Très élégant, il avait une belle prise de balle. Il montrait en permanence sa présence dans la surface de réparation. Dans la vie, il était charmant, rieur, avait une mince moustache et, summum de l'élégance, portait la casquette ou le béret.

Avec Amiens, Forcioli a remporté le titre de champion du Nord au cours de la saison 1956-1957. Jeune, il a été international cadets et présélectionné en juniors.

Francis Flautre fut aussi un excellent gardien au cours de cette période des années 1960. Lui aussi était venu effectuer son service militaire au 406. Originaire d'Arras, il a brillé à Amiens puisqu'il est devenu international amateurs.

Si Forcioli et Flautre étaient nordistes, à l'inverse Jean Gayet venait du sud de la France. Plus précisément d'Albi. Lui aussi était venu à Amiens afin d'y remplir ses obligations militaires.

Il n'y est pas resté longtemps, mais a été international amateurs et champion du groupe Nord de CFA en 1958-1959.

Un peu plus tard est arrivé un gardien d'origine italienne, Silvino Latini. Homme discret par excellence, Latini (il eut un certain Caron comme doublure) était d'une grande sobriété dans les buts. Il savait ce que souffrir signifie sur un terrain. Dans la vie de tous les jours, il était en effet maçon.

Silvino Latini est en quelque sorte le dernier gardien classique car, juste après, vint Robert Ragon qui était une sorte de gardien volant et jouait quasiment comme un défenseur, relançant souvent le ballon avec le pied. A cette époque, dans les années 1960, lorsque le club évoluait dans le CFA, l'AAC ne possédait pas que de bons gardiens mais également d'excellents joueurs de champ. Ainsi, Claude Jany, qui était par ailleurs professeur de gymnastique à la cité scolaire d'Amiens. Il fut sûrement un des joueurs les plus doués que nous ayons connus. Il avait ce qu'on appelle communément la classe. Malheureusement, il s'en est allé trop tôt, victime d'un mal incurable.

Jean Bouly, connu pour sa crinière blonde, fut un bon défenseur latéral. Aussi courageux que Jacques Falize et avec le même amour du maillot, il a poursuivi sa carrière dans le club voisin, l'ASPTT Amiens, en faisant le chemin inverse de Pierre Mankowski et Patrick Maison qui avaient été repérés par l'ASC alors qu'ils débutaient dans le club postier.

Feuillet, Cerf, Campuzan, Dumoulin ont été également de bons joueurs entraînés par Edouard Harduin. Des joueurs qui ont évolué à une période charnière, celle qui suivit immédiatement l'abandon du professionnalisme et celle qui allait préluder à un changement d'époque, celle qui verra l'arrivée d'André Grillon qui était alors l'entraîneur de l'équipe de France amateurs et olympique.

Guy Fromholtz

Milieu de terrain

Né le 1er novembre 1946

Guy Fromholtz est arrivé au même moment que le célèbre ailier polonais Hubert Skupnik et le défenseur international amateurs Johnny Svreck (août 1973). L'entraîneur André Grillon avait estimé que ce joueur, qui allait évoluer aux côtés de Jean-Louis Delecroix, permettrait à son équipe de posséder sûrement à l'époque la meilleure paire de demis de deuxième division.

A cette époque, l'ASC avait un style particulièrement flamboyant et très spectaculaire.

Delecroix-Fromholtz étaient les maîtres du jeu de l'équipe. Ils étaient les véritables baromètres et les poumons du groupe. S'ils étaient dans un bon jour, c'est toute l'équipe qui fonctionnait à plein régime. L'ASC évoluait selon le schéma du 4-2-4 axé évidemment vers l'offensive.

Guy Fromholtz a marqué à la fois l'équipe, le club et son compère Delecroix puisque, bien après qu'ils eurent quitté le club, leur amitié ne s'est jamais altérée. Cette amitié remontait à l'époque où ils avaient effectué ensemble leur service militaire. Lorsque Fromholtz débarquait à Amiens chez Delecroix, c'était la fête assurée. La fête de l'amitié également comme celle qui vit Jean-Louis Delecroix recevoir chez lui son vieux copain pour ses 60 ans. « *C'était un*

véritable exemple sur un terrain », se souvient Jean Fontaine, le dirigeant recruteur de cette période.

Guy venait de Chaumont et travaillait alors au Crédit agricole à Langres. Malheureusement, dans un premier temps, le responsable de l'agence bancaire à Amiens ne souhaitait pas que Fromholtz travaille à Amiens. Cette interdiction aurait pu empêcher ce joueur de signer à l'ASC mais, en définitive, l'affaire s'arrangea. Guy Fromholtz intégra le Crédit agricole à Amiens et il eut un comportement irréprochable. Il était dans la vie comme sur un terrain de football. Un vrai professionnel au sens strict du terme.

En 1979, Guy Fromholtz a quitté à contrecœur Amiens pour Aurillac.

Thibault Giresse

Milieu de terrain offensif

Né le 25 mai 1981 à Talence (Gironde)

Lorsque Alain Giresse se couvre de gloire avec l'équipe de France durant la Coupe du monde en 1982 en Espagne, Thibault Giresse n'a qu'1 an. Il ne se rappelle évidemment pas le parcours de son père qui composait à cette époque ce qu'on a appelé le fameux carré magique de l'équipe de France. Alain Giresse évoluait aux côtés de Michel Platini, Luis Fernandez et Jean Tigana. Ses exploits ont été souvent rappelés au jeune Thibault lorsque, plus tard, il a voulu lui aussi jouer au football. « *A la longue, j'en avais assez d'être ainsi regardé, car j'étais sur les terrains pour prendre du plaisir et m'amuser.* » Que de fois lui a-t-on montré cette fameuse image où l'on voit son père marquer en demi-finale de la Coupe du monde contre l'Allemagne, sur le terrain de Séville !

Cette image a fait le tour du monde et, évidemment, Thibault ne l'a jamais oubliée. Pourtant, force est de constater qu'il existe une sorte de similitude entre cette photo de 1982 et celle d'aujourd'hui, lorsque Thibault marque éga-

lement. Il y a cette même joie d'avoir inscrit un but, cette même euphorie. C'est bien simple, on se croirait revenir un quart de siècle en arrière.

Thibault le reconnaît : c'est à Marseille où son père jouait alors qu'il a vraiment aimé le ballon. Au point que plus tard, il est devenu professionnel à Toulouse, au Havre et a débarqué à Amiens au début de la saison 2006-2007. Il a Ludovic Batelli comme entraîneur lors des deux premières saisons. Il participe évidemment à cette superbe épopée qui voit l'ASC terminer 4e et échouer d'un rien à la L1.

Thibault est titulaire à chaque match. Il anime le flanc gauche et ses coups de pied arrêtés, ses centres provoquent immanquablement le danger dans les défenses adverses.

Cette saison 2006-2007, il termine meilleur buteur de l'ASC avec 10 buts, ex aequo avec Sébastien Heitzmann.

Mais si Thibault Giresse est en mesure de marquer lui-même, il peut aussi se montrer dernier passeur comme ce fut le cas en quarts de finale de la Coupe de France, en avril 2008, lorsqu'il permit à Roy Contout d'inscrire le seul but de la rencontre. Pourtant, au cours de cette deuxième saison justement, Thibault fut moins retenu par son entraîneur Ludovic Batelli qui l'installa sur le banc et l'envoya même une fois avec la CFA 2.

Thibault n'étant pas homme à provoquer des vagues préféra se murer dans le silence et continuer de travailler. Thibault Giresse est un type bien sous tous rapports.

François Gossart

Président

Les deux sont inséparables. Si Pascal Pouillot a noué le premier des contacts avec l'Amiens SC à l'occasion d'un procès retentissant (il était l'avocat de la société Lee Cooper qui avait attaqué l'ASC devant les tribunaux), François Gossart a bel et bien été le premier à devenir officiellement le président du club.

Après les folles années des présidences Abet et Delahaye, l'ASC retrouvait une certaine stabilité. Arrivé dans la capitale picarde dans les années 1980, François Gossart s'installe à la tête d'un cabinet d'architectes. Amoureux de football, (il a joué dans sa jeunesse dans un club à Avesnes-sur-Helpe, dans le Nord), il assiste régulièrement aux rencontres au stade Moulonguet.

Président de la Table ronde d'Amiens, François Gossart fait la connaissance de Pascal Pouillot qui lui demande d'intégrer le club. Au point que le 5 novembre 1991, il en devient le nouveau président, succédant à Julien Burnay. L'ASC se paie même le luxe d'avoir trois vice-présidents : le docteur Jacques Lienard, Michel Ponthieu et Pascal Pouillot.

Le premier souci de François Gossart fut de structurer le club, ce qu'il parvint à faire avec l'aide de Pascal Pouillot. Une de ses premières déclarations fut la suivante : « *J'ai été surpris en arrivant au club par le côté patronage, un peu comme à Avesnes-sur-Helpe. Ce que je souhaite, c'est l'embauche d'un secrétaire administratif.* » Cette décision est rapidement suivie d'effet. Serge Guyot, un dirigeant connu et ayant une grande connaissance du milieu, membre des Variétés, est embauché. Il dispose de nombreuses relations dans le monde professionnel et son carnet d'adresses est très fourni.

Par la suite, le chemin de François Gossart est sensiblement le même que celui de Pascal Pouillot. Les deux hommes se partagent les responsabilités : le secteur amateurs et le centre de formation à Pascal Pouillot et l'équipe professionnelle à François Gossart. Quant à la façon de voir les matches de son équipe depuis qu'il est président du club, elle a complètement changé : « *Avant, j'étais un vrai passionné. Le fait d'être investi m'enlève les 9/10 de mon plaisir. L'angoisse, c'est dur à vivre.* »

François Gossart aime tellement son club qu'il en est devenu l'un des principaux actionnaires et se trouve à la tête de la structure professionnelle.

Roger Grava

Attaquant

Né le 26 avril 1922 à Claut dans la province du Frioul (Italie), décédé le 4 mai 1949 dans un accident d'avion

Plus d'un demi-siècle après, le mythe de Roger Grava existe toujours dans le petit village de Claut (province du Frioul), en Italie. Il est toujours bien vivant dans la mémoire de ceux qui l'ont connu et qui l'ont vu jouer. Même les plus jeunes supporters de cette fameuse équipe du Torino gardent le souvenir de ce joueur exceptionnel.

Les légendes ne meurent jamais, surtout quand elles concernent des champions fauchés en pleine gloire. Roger Grava a connu la même mort brutale et injuste que le grand Marcel Cerdan, décédé quelques mois après dans un accident d'avion en se rendant aux Etats-Unis afin de tenter de reprendre son titre de champion du monde de boxe des poids moyens.

Roger Grava a été fauché en pleine jeunesse et en pleine gloire le 4 mai 1949. Il porte alors le maillot du Torino, la plus célèbre équipe italienne du moment. Le Torino est allé disputer une rencontre au Portugal. C'est au retour que l'avion parti de Lisbonne et qui doit ramener l'équipe à Turin s'écrase sur une aile de la basilique de Superga, à quelques kilomètres de Turin. Toute l'équipe est anéantie. Les vingt-sept passagers (joueurs et dirigeants) et les cinq membres de l'équipage périssent carbonisés. Plus de 700 000 personnes ont ensuite assisté aux obsèques des joueurs du Torino. Roger Grava et ses équipiers appartiennent désormais à la mémoire collective. Ce fut une vraie tragédie pour l'Italie qui, au travers de ses grands sportifs de cette époque de l'après-guerre, tentait de faire oublier son passé fasciste.

Quelques années auparavant, en pleine guerre, Roger Grava avait évolué à l'Amiens AC (saison 1942-1943). Il avait été repéré par le capitaine de l'équipe et le vrai patron, l'international Finot. Avec l'AAC, Roger Grava a participé au championnat de deuxième division de la zone occupée et s'est mesuré à des adversaires tels Bordeaux, Sochaux, Lille ou Lens.

A Amiens, il a laissé le souvenir, selon ses équipiers de l'époque, *« d'un très bon technicien, volontaire et un compagnon très agréable »*. Fauché en pleine ascension alors qu'il n'avait que 27 ans, Roger Grava aurait sûrement effectué une carrière bien meilleure. Avant d'aller au Torino et sur sa lancée amiénoise, il avait ensuite porté le maillot de Nancy, celui de Bordeaux et avait obtenu le titre de champion de France avec Roubaix.

Le souvenir de Roger Grava ne disparaîtra pas tant que sa sœur Odile sera de ce monde. Odile voue une admiration sans bornes à son frère et se rend chaque année le 4 mai en Italie pour l'anniversaire de la mort de Roger. Odile se déplace également dans les clubs où son frère a évolué. Nous l'avions rencontrée un jour de mai 2004 au stade Moulonguet où elle a voulu revoir le terrain où son frère s'était si bien illustré au cours de cette saison 1942-1943. Un livre a été écrit par une journaliste italienne, Giuliana V. Fantuz. Il retrace la carrière de ce joueur trop tôt disparu. Chaque année, Odile Grava se rend à Claut où une rue et le stade portent le nom de Roger Grava.

André Grillon

Défenseur

Né le 1er novembre 1921, décédé en 2003
15 fois international A de 1946 à 1951
Entraîneur de l'équipe de France amateurs

Quand il arrive à Amiens pour entraîner l'Amiens SC, alors que les événements de mai 1968 plongent toute la France dans la chienlit, André Grillon est précédé d'une flatteuse réputation. Les dirigeants du vieux club picard n'ont pas engagé n'importe qui pour remplacer Emilien Meresse qui arrête sa carrière.

André Grillon, qu'on appelait volontiers « Dédé la Matraque » tant il était un défenseur intransigeant, a été international à 15 reprises. Il eut ainsi l'insigne honneur de figurer au sein de cette équipe de France qui était allée obtenir en 1951 le nul en Angleterre et avait même failli lui infliger sa première défaite à Highbury.

André Grillon a évolué dans les plus grands clubs français, comme l'Olympique de Lyon et le célèbre Racing-Club de France. Il a ensuite commencé sa carrière de joueur-entraîneur au Mans puis il a exercé à Caen et Annecy. Parallèlement, il est appelé à diriger l'équipe de France amateurs et, en 1968, il lui fait gagner son billet pour participer aux Jeux olympiques de Mexico. C'est la raison pour laquelle ses débuts à Amiens sont quelque peu retardés. Il laisse provisoirement le témoin à Paul Pruvost, son adjoint (décédé au début de 2007). A Mexico, André Grillon est à la tête d'une formation qui va se distinguer en réussissant un exploit mémorable : gagner 4-1 face au Mexique sur la pelouse du stade Aztèque. Dans les vestiaires, André Grillon, malin, déclare : *« Cette victoire doit permettre au football amateur d'être reconnu à sa vraie valeur. »* Dans cette équipe de France, deux joueurs sont restés célèbres : Jean-Michel Larqué et Daniel Horlaville.

Quand il signe à Amiens, il déclenche un véritable enthousiasme de la part des fans du club. Ces derniers restent sur plusieurs déceptions et l'arrivée d'un technicien comme André Grillon doit redonner un nouvel élan. Lorsque le bon vieux speaker du stade Moulonguet, monsieur Dauphin, énumère le nom des joueurs des deux équipes, c'est quand même le sien qui est le plus applaudi. De fait, il laisse un souvenir inoubliable à Amiens.

D'abord, il va y demeurer neuf saisons consécutives, en prenant soin de ne signer que des contrats d'une année. Ensuite, il a lancé dans le grand bain de jeunes espoirs comme Patrick Maison et surtout Pierre Mankowski qui vouera toujours une admiration sans bornes à son entraîneur. Sans Dédé, aurait-il connu le même destin ?

Enfin, André Grillon est un adepte convaincu de la défense en ligne. Il applique également cette tactique en équipe de France amateurs, ce qui ne lui vaut pas que des amis dans le milieu car, à cette époque, il existe véritablement une guerre de religion quant à la tactique à employer (défense en ligne ou libéro décroché). En France, Just Fontaine est un adepte de la défense en ligne. Meilleur buteur (13 buts) en Coupe du monde, Fontaine sera un entraîneur éphémère de l'équipe de France A et il ne reste que 2 matches seulement à sa place, emporté par le raz-de-marée des critiques de tous ceux qui ne voulaient pas de cette défense en ligne. Cette tactique quelque peu révolutionnaire brille en Belgique avec l'équipe d'Anderlecht. Elle demande une grande coordina-

Herl

tion de la part des quatre défenseurs, et le gardien est souvent appelé à sortir de sa zone et à jouer avec les pieds. Robert Ragon, qui fut un excellent gardien à Amiens, fut en son temps l'exemple type du gardien considéré comme le dernier défenseur.

Il faut se souvenir qu'à cette époque, cette bataille des tactiques était virulente. Les techniciens se querellaient et les journaux spécialisés en faisaient leurs choux gras. Epoque bénie où les lecteurs trouvaient leur pitance dans *France football* ou *Le Miroir du football*, deux revues complètement opposées.

Avec l'équipe de France, André Grillon appelle non seulement Pierre Mankowski mais aussi Paul Imiéla. Les deux Amiénois sont des titulaires à part entière.

Durant les neuf années passées dans la capitale picarde, les fonctions d'André Grillon ont dépassé largement celles de l'entraîneur. Il est aussi le manager général du club à une période où l'ASC n'a pas le statut professionnel. A la fin de la saison 1976-1977, le mariage d'amour avec le club prend fin. Avant de s'entendre annoncer qu'on ne souhaite pas renouveler son contrat, Grillon expédie sa démission. Sans faire de vagues, avec une grande élégance, en grand seigneur, il part alors à Lucé, petit club de deuxième division. Il se retire ensuite définitivement dans la région mancelle, avant de ressentir les prémices d'une maladie incurable.

André Grillon est revenu plus tard à Amiens mais il s'agissait cette fois de son dernier voyage. Il avait des idées auxquelles il tenait comme à la prunelle de ses yeux et une haute idée de son métier. Il fut un entraîneur que tous ses joueurs respectaient. Ils le vouvoyaient et, des années après, aucun ne l'a oublié.

André Grillon a été élu par les lecteurs du *Courrier picard* « entraîneur d'Amiens du siècle ».

Frédéric Guimard

Milieu de terrain

Né le 12 juin 1970

Avant Thibault Giresse et Antoine Buron dont les pères ont été des internationaux, l'ASC a engagé au début de la saison 1991-1992 Frédéric Guimard qui était le fils de l'ancien champion cycliste Cyrille Guimard.

Lorsqu'il débarque au stade Moulonguet, son père sillonne les routes du Tour de France en tant que directeur sportif de l'équipe Castorama dont le leader est Laurent Fignon. L'hiver venu, Cyrille vient deux ou trois fois au stade Moulonguet afin d'y encourager son rejeton.

Frédéric aimait le cyclisme. Il ne fut jamais coureur cycliste par la faute de son père qui, lui, adorait le ballon rond et entretenait d'excellentes relations avec les gens du FC Nantes. Frédéric fut donc initié au football. Il resta neuf saisons à Nantes avant de rejoindre Rennes où il disputa 44 rencontres de D2.

Quand il arrive à Amiens, Frédéric ne manque donc pas d'une certaine expérience et il fait ses grands débuts en match amical contre Saint-Etienne. Malheureusement, cette saison est difficile tant pour l'ASC que pour Frédéric Guimard qui éprouve des difficultés à s'imposer dans le milieu de terrain.

Relégué en fin de saison, l'ASC perd de nombreux joueurs et Frédéric Guimard ira au Red Star avant de terminer tranquillement sa carrière en foot d'entreprise avec l'équipe Nicollin Montpellier.

Edouard Harduin

Milieu de terrain puis entraîneur

Né le 25 octobre 1922, décédé en 1987

Edouard Harduin appartient à cette génération de joueurs de l'après-guerre qui ont connu le professionnalisme, mais un professionnalisme qui n'avait rien à voir avec celui d'aujourd'hui.

Les joueurs avaient un emploi et les droits télé n'existaient pas. Le club vivait surtout de ses entrées aux guichets et de ses sponsors ou mécènes.

Edouard Harduin fut un excellent milieu de terrain (on disait alors demi) dont la principale qualité était le coup franc. Le ballon partait à grande vitesse et finissait souvent sa course dans le but adverse.

Tout naturellement, Edouard Harduin est devenu entraîneur en 1958 et 1959, après que le club eut abandonné le statut professionnel. Il fut ensuite remplacé par Emilien Merese.

Par la suite, quand il eut quitté l'Amiens AC, Edouard Harduin s'installa derrière le comptoir d'un café situé à deux pas du stade Moulonguet, rue Saint-Fuscien, tandis qu'il profitait de l'installation de la nouvelle zone industrielle à Amiens pour intégrer l'usine Ferodo dont il fut un responsable technique.

Edouard Harduin fut même entraîneur au SC Abbeville, ce qui ne s'était jamais vu auparavant tant la rivalité était grande entre les deux clubs.

Malheureusement, il est décédé trop tôt en 1987. Il avait tout juste 65 ans.

Henri Holgard

Une sélection en équipe de France en 1908

Henri Holgard a été le premier joueur d'Amiens à revêtir le maillot de l'équipe de France. C'était il y a un siècle. Une autre époque. Le 19 octobre 1908, il a joué en effet avec la France contre le Danemark. Avec à la clé une large défaite par 9-0. Il s'agissait d'un match comptant pour les quarts de finale des Jeux olympiques, et la France alignait surtout des éléments évoluant au sein de clubs nordistes. Pour être juste, il s'agissait plutôt d'une équipe réserve puisque la fédération française de l'époque (USFSA) eut le droit d'aligner deux formations.

Du coup, Holgard figure bien au palmarès des internationaux, même s'il n'a disputé qu'un seul match. Cet attaquant eut un point commun avec un autre grand attaquant d'Amiens, Gérald Baticle.

Henri Holgard, qui fut dans l'histoire du club le premier véritable attaquant de classe, était né en effet à Quevauvillers.

Les archives nous manquent quelque peu sur ce joueur qui était doué de toutes les qualités : vitesse, dribbles, adresse et sens incroyable du jeu. A l'époque, un contemporain dit d'Holgard : « *C'était un surhomme. Un homme qui reléguait les attaquants modernes au rang d'enfantelets timides et embarrassés.* »

Ce Holgard a également joué à l'Iris Club Fivois. Bien que lycéen en première à Amiens, il partait chaque semaine d'Amiens pour Lille afin de disputer son match. Il a donc été le premier joueur d'Amiens à être retenu en équipe de France. Et personne ne lui contesta cette sélection.

C'était une époque difficile pour le football français qui prenait souvent des raclées. Henri Holgard fut l'équipier de Gabriel Hanot, futur sélectionneur et créateur de la Coupe d'Europe, ainsi que de Gaston Barreau, également futur patron de l'équipe de France.

Paul Imiéla

Défenseur central

Né le 23 janvier 1943 à Houdain (Pas-de-Calais)
International, capitaine de l'équipe de France amateurs de 1968 à 1973

Au début de l'année 2000, les lecteurs du quotidien *Le Courrier picard*, sollicités par le biais d'un jeu-concours dans le but de désigner le « joueur du siècle » du club d'Amiens, ont élu à une très forte majorité Paul Imiéla. Choix parfaitement judicieux, logique tant l'homme a marqué de son empreinte l'histoire de l'Amiens SC.

Originaire d'Houdain, près de Bruay, dans le pays minier qui a formé tant et tant de grands joueurs (l'exemple le plus connu est incontestablement celui de Raymond Kopa), Paul est le deuxième d'une famille comprenant trois garçons et une fille. Jouant au football mais ne négligeant pas les études (il va décrocher un CAP d'ajusteur-mécanicien), Paul va ensuite effectuer son service militaire. Il se retrouve à Tarbes alors qu'on lui avait promis Arras.

Mais cette incorporation va lui éviter la guerre d'Algérie et, après une période légale, Imiéla revient logiquement à la vie active à Bruay.

En 1964, alors qu'il vient de fêter ses 21 ans, Paul, qui a été repéré par le club d'Amiens et un dirigeant, monsieur Bouvet (à l'époque, les centres de formation n'existaient pas et le meilleur moyen de détecter les jeunes était de le faire par un dirigeant), va effectuer son premier match amical au stade Moulonguet.

C'est le début d'une belle aventure pour ce joueur élégant sur un terrain, à la fois efficace dans le dernier geste et surtout qui excelle dès lors qu'il faut relancer le jeu. Son premier entraîneur s'appelle Emilien Meresse mais c'est avec André Grilllon qu'il va connaître ses plus grandes satisfactions. Ce dernier va diriger l'ASC durant neuf saisons et permettre à Paul Imiéla d'accéder au plus haut sommet du football amateur. Plus tard, Paul s'est souvenu de monsieur Grillon comme *« quelqu'un qui dégageait du respect et que personne n'appelait par son prénom »*.

En 1968, après les Jeux olympiques de Mexico auxquels l'équipe de France, entraînée par le même André Grillon, avait participé, Paul Imiéla est appelé à remplacer un titulaire absent pour participer à une tournée aux Antilles. Ainsi commence sa carrière internationale aux côtés de son équipier amiénois Pierre Mankowski, mais aussi d'autres éléments marquants comme Jean-Michel Larqué.

A l'inverse de ces deux derniers qui deviendront professionnels, Paul Imiéla est toujours resté amateur comme son voisin normand Daniel Horlaville. Il

refuse des propositions de certains clubs comme Brest, Lens ou Boulogne, ce qu'il regrette peut-être aujourd'hui.

Paul joue une trentaine de matches internationaux avec l'équipe de France dont il porte le brassard de capitaine. De 1968 à 1973, il voyage un peu partout dans le monde, côtoie de grands joueurs comme Michel Platini et, bien sûr, fait les beaux jours de son club amiénois.

En 1970, il a la chance d'inaugurer le Parc des Princes à l'occasion d'un match France-URSS. Le capitaine de cette dernière équipe fit ensuite une grande carrière. Il s'appellait Oleg Blokhine.

Avec André Grillon, Paul Imiéla réussit une superbe saison 1975-1976. Avec sa fameuse défense en ligne, l'équipe d'Amiens flirte avec les toutes premières places et emballe le public du stade Moulonguet. Son jeu est infiniment spectaculaire et les joueurs portés vers l'avant. Ce qui compte à cette époque, c'est d'abord de marquer des buts, et non de ne pas en prendre. Il faudra attendre de longues années avant de retrouver trace d'une équipe aussi agréable à voir évoluer.

Alors qu'il vient d'avoir 36 ans, l'arrivée d'un nouvel entraîneur le rejette dans l'armoire aux souvenirs. On lui avait promis d'intégrer le staff technique mais la promesse est oubliée. Après avoir quitté Amiens pour jouer et entraîner les clubs de Granville et Corbie, Paul Imiéla revient plus tard à l'Amiens SC où il lui est proposé d'entraîner les cadets. Une nouvelle expérience qui lui tient à cœur jusqu'au moment où on lui fait comprendre qu'il n'est peut-être plus l'homme de la situation. Mais Paul reste viscéralement attaché à l'ASC dont il est un spectateur fidèle les soirs de match à la Licorne.

Sa vie est quand même un beau roman. C'est l'histoire d'un gamin sorti de la mine qui s'est élevé grâce au football. Certes, il n'a pas gagné des millions comme les jeunes d'aujourd'hui, mais du moins a-t-il assouvi sa passion. Avec du charisme, de la dignité et le respect de l'autre.

En définitive, les lecteurs du *Courrier picard* ont fait le bon choix. Nul mieux que Paul Imiéla ne méritait d'être élu le joueur du siècle d'Amiens.

Karel Jarolim

Né le 23 août 1956 à Prague
14 fois sélectionné en équipe de Tchécoslovaquie

Pour débuter la saison 1990-1991 qui voit l'Amiens SC retrouver le championnat de troisième division, l'entraîneur Hugues Jullien pensait bien conserver dans le milieu de terrain Guy Hrasko. Malheureusement, ce dernier décide de quitter le club.

Hugues Jullien doit alors se tourner vers l'Europe de l'Est. Arrive ainsi dans un premier temps un attaquant bulgare, Christo Zlatinov, qui évoluait précédemment au Lokomotiev de Sofia. Avec lui, deux Tchèques, les frères Jarolim : Vaslav qui est rapidement blessé, et surtout Karel qui avait fait merveille les deux années précédentes à Rouen en deuxième division. Venu au FC Rouen grâce à Arnaud dos Santos, Karel Jarolim voulait rester encore en Normandie mais, faute d'un accord avec le président rouennais, c'est finalement à Amiens qu'il arrive au cœur de l'été 1990. Une arrivée facilitée par Jacky Delorme, photographe à *L'Equipe* et *France football* et qui eut vent de l'information. Il en informa ensuite Hugues Jullien.

Quelques années auparavant, Delorme avait apporté son concours à l'ASC et notamment lors de la période Claude Le Roy. C'est sur le terrain de Rosières-en-Santerre que Karel effectue ses débuts avec Amiens en match amical. D'emblée, ses qualités font merveille. Technicien hors pair et surtout remarquable passeur, il va permettre à la jeune bande de Jullien, au cours de cette saison 1990-1991, de progresser et de s'épanouir littéralement. L'attaquant Gérald Baticle qui est très sollicité bénéficie de ses services lumineux et s'affirme comme un redoutable buteur. L'enfant de Quevauvillers décide de rester encore un an à l'ASC. Pour son bien mais aussi celui du club puisqu'il va s'entendre parfaitement et jouer les yeux fermés avec Jarolim. Baticle marque but sur but et, bien souvent, la passe décisive émane de Jarolim.

Dès le premier match de championnat au Havre, Jarolim démontre qu'il est bien le meneur de jeu qu'Amiens attend. Le joueur d'expérience qui va emmener dans son sillage les minots d'Hugues Jullien.

Jarolim était le successeur d'Hubert Skupnik avec des qualités différentes. Ainsi, le Polonais enchantait le public par ses dribbles tandis que le Tchèque impressionnait par la précision de ses passes délivrées au millimètre. Le Tchèque ne restera, hélas, qu'une saison en Picardie, mais quelle saison ! Sous sa houlette, l'ASC va gravir un nouvel échelon et accéder à la division 2. Karel Jarolim ne connaîtra pas la D2 avec Amiens. Pourtant, il avait signé un contrat de deux ans et se plaisait dans la ville. Ironie, avec sa petite famille, Karel résidait dans un appartement situé rue de Prague. Cela ne s'invente pas.

Karel est reparti ensuite dans son pays. On l'a revu à l'occasion du dernier match de championnat disputé par l'ASC au stade Moulonguet à la fin des années 1990. En lever de rideau, à l'initiative de Robert Buchot, est organisée une rencontre entre anciens du club.

Un peu plus tard, Jarolim reprend du service en devenant l'adjoint de son compatriote Hasek à Strasbourg. Quelques années après, il retourne définitivement au pays en tant qu'entraîneur du Slavia de Prague. On regrette néanmoins que l'aventure n'ait pu se poursuivre car, avec lui, l'Amiens SC ne serait pas redescendu la saison suivante.

Hugues Jullien

Milieu de terrain puis entraîneur

Né le 28 juillet 1954 à Davenescourt (Somme)

Hugues Jullien est, dans l'histoire de l'ASC, le seul entraîneur qui ait connu au cœur des années 1980 et début 1990 pas moins de quatre accessions : division Honneur en division 4 puis division 4 en division 3 avec la réserve ; division 4 en division 3 puis division 3 en division 2 avec la formation première. Certains diront qu'il a bénéficié d'une part de réussite, d'une génération exceptionnelle de jeunes joueurs pétris de talent (notamment Gérald Baticle et Teddy Bertin), mais les faits sont irréfutables. Hugues Jullien mérite bien une place de choix dans le gotha du football amiénois.

Parallèlement au football, Hugues Jullien, célèbre pour son opulente chevelure rousse, un peu à la manière de Robert Herbin, n'a jamais voulu lâcher la proie pour l'ombre. Il fut longtemps le responsable de la section sports-études de la cité scolaire d'Amiens et fit ainsi venir à l'ASC les meilleurs joueurs universitaires (Thierry Bonalair et Thierry Clayes notamment). Il est ensuite devenu maître de conférences à l'université de Picardie.

Hugues Jullien a propulsé le club des profondeurs jusqu'au niveau professionnel mais peut-être que l'ascension fut trop fulgurante. Elle ne reposait pas sur un véritable travail de formation. Il est également prouvé que le club ne disposait pas, à l'époque, de véritables structures.

Hugues Jullien avait pris l'équipe au plus mauvais moment, quelques mois après la descente aux enfers et la quasi-liquidation du club. C'est bien simple, en 1987, le club ne dut qu'à la mansuétude de la fédération française de ne pas

être purement et simplement rayé de la carte du football national. L'ascension d'Hugues Jullien a coïncidé avec l'arrivée du futur président Pascal Pouillot dont les mérites furent considérables.

Mais revenons à Hugues Jullien, une tête, un homme extraordinairement doué dans les études. Il avait auparavant évolué dans les clubs de Compiègne et de Breteuil à qui il avait permis des accessions. Il avait ainsi emmené Breteuil durant une saison en division 3 avant de tout plaquer, car il était en désaccord avec le président. Il revint à Amiens où il fut un joueur moyen sans plus. Mais très tôt, il fut intéressé par l'entraînement des joueurs. Claude Le Roy lui mit véritablement le pied à l'étrier et Gaby Desmenez lui confirma cette confiance.

Lors de la saison 1982-1983, Hugues Jullien, qui était entraîneur-joueur de la réserve, a fait véritablement cavalier seul et l'équipe termina invaincue en division Honneur. Il est donc l'homme qui est sûrement monté le plus souvent avec l'ASC.

En 1983-1984, Hugues Jullien imitait Gaby Desmenez et permettait à son équipe d'accéder à la division 3. Il a su, il est vrai, s'appuyer sur quelques anciens comme Joël Beaujouan, Roger Lacour et des jeunes comme Thierry Bonalair qui devint plus tard international avec Nantes.

Le week-end des 12 et 13 mai 1984, l'ASC voit ses deux équipes seniors gravir un échelon supérieur. Cet exploit n'a jamais été renouvelé par la suite.

Lors de la saison 1989-1990, alors que le voisin Abbeville connaissait une terrible descente aux enfers (le club disparaissait tout simplement de l'échiquier professionnel et il était même liquidé financièrement), Hugues Jullien menait l'ASC de D4 en D3 en terminant 2e derrière Wasquehal. Au cours de cette saison, l'attaquant Gérald Baticle terminait meilleur buteur avec 17 buts à son compteur.

Malheureusement, lorsqu'il fit accéder l'équipe de D3 en D2, Hugues Jullien ne put faire en sorte qu'elle se maintienne, multipliant son activité alors qu'il aurait dû se concentrer plus sur le terrain. Quelques journées avant la fin du championnat, il démissionna brutalement et laissa la place à son adjoint Emmanuel Hamon.

Par la suite, Hugues Jullien est revenu au club en tant que préparateur physique aux côtés d'Arnaud dos Santos (saison 1998-1999), poste qu'il a également occupé au club de hockey sur glace d'Amiens. Il a repris ensuite sa place à l'université de Picardie en tant que maître de conférences, délégué à la politique sportive de l'université de Picardie Jules Verne.

Julien Lachuer

Gardien de but

Né le 15 novembre 1976 à Saint-Maur (Oise)
Professionnel à Valenciennes, Amiens, Angers, Brest

Une image colle définitivement à la peau de Julien Lachuer. C'est celle d'un homme complètement abattu, prostré, accroupi sur la pelouse du Stade de France, un soir de finale de la Coupe de France en mai 2001.

Julien Lachuer vient d'encaisser un penalty fatal de la part de son vis-à-vis, le Paraguayen Chilavert, gardien de Strasbourg, et c'est ce dernier qui va recevoir des mains du président de la République, Jacques Chirac, la Coupe de France.

Nous sommes le samedi 26 mai 2001 et plus de 20 000 Picards ont effectué le déplacement à Paris afin d'encourager la bande à Denis Troch. Cette équipe amiénoise, durant toute la saison, a accumulé les exploits aussi bien en Coupe de France, en Coupe de la Ligue qu'en championnat national. Au tour précédent, en demi-finale au stade de la Licorne, Julien Lachuer a réalisé des miracles en arrêtant de nombreux tirs au but et a qualifié son équipe face à Troyes. C'est pourquoi, au cours de cette finale contre Strasbourg et alors qu'il ne s'est pas incliné durant les deux heures de jeu, Julien Lachuer est littéralement K.-O. après cette série de tirs au but. Durant cette insoutenable période, les nerfs des supporters de l'Amiens SC ont été mis à rude épreuve. La déception est trop grande pour Julien Lachuer qui a craqué. Le premier à venir réconforter le malheureux gardien amiénois n'est autre que l'arbitre du match, monsieur Duhamel. Ce cliché a fait le tour de la France. Julien Lachuer n'a jamais oublié cet épisode de sa carrière qu'il avait commencée à Valenciennes.

Avec son frère Yann plus âgé que lui, Julien a appris très tôt les valeurs de la vie, enseignées par ses parents : « *Je suis un bosseur parce qu'ils m'ont appris que, sans travail, on n'a rien. C'est ce que j'ai retenu de leur éducation.* » Il avait du reste quitté rapidement le milieu familial et cela lui a évidemment servi pour la suite de sa carrière. A 17 ans, Julien décrochait son bac F3 au centre de formation de Valenciennes.

A Amiens, il était arrivé en tant que doublure de Philippe Poil. Il lui arrivait d'être appelé à jouer en équipe première. Ses grands débuts, il devait les effectuer le 23 janvier 1999 en 32es de finale de la Coupe de France. Dans un stade Moulonguet en folie, les joueurs de l'ASC dirigés par René Marsiglia se couvraient de gloire en éliminant Monaco lors de l'épreuve des tirs au but. Ce soir-là, Lachuer se permettait le luxe d'arrêter un penalty et d'emmener son équipe vers les 16es de finale. Ce rôle de doublure prit fin lors de cette fameuse saison 2000-2001 marquée par l'arrivée de Denis Troch.

L'ASC alla jusqu'en finale de la Coupe de France et remonta en L2. Philippe Poil se blessa rapidement et ne disputa qu'un match de Coupe de France, à Bresles. Julien Lachuer changea de costume. De doublure, il devint titulaire. Il sut saisir la chance que lui offrait Denis Troch. Il s'imposa dès lors comme un excellent gardien et il devait en définitive rester sept saisons jusqu'au moment où Cyrille Merville prit sa place. Il partit pour Angers puis Brest mais à chaque fois qu'il revenait à la Licorne, son premier geste était d'aller saluer tous ceux qu'il avait connus durant son passage à Amiens. « *Au début, cela m'a fait tout drôle de revenir à Amiens mais j'ai été bien accueilli par les supporters et tout le monde. Je n'ai gardé que les bons moments et, avec le temps qui passe, on ne se rappelle que des bons souvenirs. Finalement, c'est le public qui va me manquer le plus.* »

Tel était Julien Lachuer, garçon attachant, droit et foncièrement honnête.

Roger Lacour

Défenseur

Né le 14 janvier 1951 à Amiens (Somme)

Roger Lacour est un pur Amiénois, descendant direct du grand Balavoine qui, quarante ans avant lui, avait quitté le club dans lequel il avait débuté, le CSA Montières, pour tenter sa chance à l'Amiens SC.

Il fut très tôt remarqué à Montières, si bien qu'il se retrouva en équipe de Picardie des cadets aux côtés de Pierre Mankowski, Patrick Maison mais aussi du jeune gardien d'Hirson, Dominique Dropsy. Ce dernier allait faire les beaux jours des Girondins de Bordeaux et de l'équipe de France.

Tout naturellement, Roger Lacour signa à l'ASC au cours de l'été 1968, au moment où le club venait de se doter d'un grand entraîneur : André Grillon. Après avoir fait ses armes au sein des équipes inférieures, le jeune Roger débutait en équipe première en CFA le 22 février 1970 au stade Moulonguet, contre le voisin Abbeville. A cette époque, ces derbys attiraient beaucoup de monde, que ce soit au stade Moulonguet ou au stade Delique. Pour sa première titularisation, Roger Lacour se montra un défenseur intraitable et musela Patrick Tahon, l'attaquant d'Abbeville. Les deux joueurs se connaissaient bien pour s'être déjà rencontrés lorsqu'ils évoluaient respectivement à Montières et Ailly-sur-Somme.

Roger Lacour s'est distingué ensuite par de grandes qualités morales et de fidélité à son club. Défenseur intransigeant, dur sur l'homme, il respectait à merveille les consignes qui lui étaient données. Il était le stoppeur d'une défense au sein de laquelle figurait le capitaine Paul Imiéla. Avec le temps, Roger Lacour devint un défenseur latéral, ce qui lui permettait, aimait-il à répéter, de participer beaucoup plus au jeu offensif.

Longtemps, il mena de pair sa carrière de joueur mais aussi de plombier avant de s'installer comme patron de bar dans un café de l'avenue Foy à Amiens. Plus tard, il quitta l'ASC sans avoir été reconnu à sa juste valeur pour aller jouer dans des clubs du département. On le vit même avec son ami Richard Krawzyck terminer tranquillement son activité de footballeur au sein d'un club corporatif, Le Courrier Picard.

Nul doute que si Roger Lacour était né ailleurs qu'à Amiens, les dirigeants de l'époque l'auraient pris beaucoup plus au sérieux et ne l'auraient pas « exploité » comme ils ont eu tendance à le faire. Mais on le sait depuis toujours : nul n'est prophète en son pays.

Arnaud Lebrun

Milieu de terrain puis défenseur latéral droit

Né le 27 septembre 1973 à Cambrai (Nord)
A joué à Cambrai, Valenciennes, Amiens, Valenciennes, Amiens, Laval et Niort

Evoluant au poste de défenseur latéral droit, Arnaud Lebrun a incarné à merveille la période Denis Troch. Il fut également un capitaine irréprochable, prêchant l'exemple, ne lésinant jamais sur les efforts fournis aussi bien en match qu'à l'entraînement. Pur Nordiste, il était dur au mal, joueur à la fois de qualité et de rigueur et il semblait marié à jamais avec l'Amiens SC.

Jusqu'au jour où Denis Troch quittant Amiens pour Laval, il suivit son entraîneur avant de poursuivre sa carrière à Niort, après avoir connu une courte période de chômage.

Arnaud Lebrun était vraiment attaché à l'Amiens SC. Au point qu'en avril 2002, alors que le championnat était loin d'être achevé et qu'il était sûrement sollicité, il renouvela son contrat en Picardie pour trois ans. *« Je ne suis pas un mercenaire. J'ai toujours été dans la durée dans les clubs puisque, avant Amiens, j'étais resté quatre ans à Valenciennes. Quand je me sens bien dans un club, j'y reste »*, aimait-il à répéter et cela collait parfaitement à son personnage. Deux fois, il signa à Amiens tout comme il l'avait fait à Valenciennes, son premier grand club.

Mais c'est à Cambrai qu'il avait débuté. C'est en effet dans la cité des bêtises qu'il a appris à se battre et à se forger un caractère de vainqueur : *« J'allais à l'entraînement à vélo, qu'il vente ou qu'il pleuve. Mais j'aimais ça. A ce moment, je ne pensais plus vraiment embrasser une carrière professionnelle. »*

Arnaud fit aussi des études universitaires de droit à Lille, qu'il abandonna au bout de deux ans. Il travailla ensuite dans une entreprise d'agroalimentaire tout en continuant à jouer à Valenciennes. Avec Amiens, il a donc eu la chance d'être professionnel.

LFP
LE CONSEIL RÉGIONAL DE PICARDIE

S'il participa à une finale de Coupe de France en mai 2001, s'il connut la joie d'accéder du nationale à la L2, il ne put malheureusement aller plus haut. Pourtant, lorsqu'il avait renouvelé son contrat pour trois ans en avril 2002, il était persuadé que l'ASC pourrait franchir l'obstacle. *« J'aime ce club qui a de l'ambition. Je suis certain qu'Amiens peut évoluer en L1 »*, avouait-il au cours de cette période qui fut une des meilleures de l'ASC.

Quand il était arrivé à Amiens, Arnaud Lebrun évoluait au poste de milieu offensif. Denis Troch en fit un arrière droit, ce qui lui permit de toucher beaucoup de ballons et de participer au jeu offensif.

Etre professionnel l'avait donc comblé. Lui le ch'ti volontaire et courageux s'estimait heureux de son sort. Il ne se plaignait surtout pas, regardant autour de lui et constatant la misère humaine. *« Ce qui me révolte, c'est de voir que, de nos jours, il y a toujours autant de misère et de gens contraints de faire la manche pour survivre. On est vraiment des privilégiés, nous les footballeurs. »* Tel était Arnaud Lebrun, joueur de qualité mais aussi un mec bien. Un vrai ch'ti qui aurait eu sa place dans le film de Dany Boon.

Jean-Michel Lefèvre

Né le 19 octobre 1946 à Péronne (Somme)

Partir, revenir. C'est un peu le slogan qu'aurait pu adopter Jean-Michel Lefèvre qui a marqué l'ASC au début des années 1970. Il avait été repéré par des dirigeants amiénois alors qu'il évoluait au CA Péronne. On devait le convaincre de venir signer dans le grand club de la capitale picarde dont l'entraîneur était le célèbre André Grillon.

Le jeune Jean-Michel Lefèvre débarque donc en plein été de 1970 et participe aux premières séances d'entraînement. L'ASC joue alors en championnat national. Rapidement, Jean-Michel se fait une place au soleil, du moins dans l'équipe aux côtés de Jean-Louis Delecoix et du Sénégalais Loulou Gomis.

Après une saison passée avec la réserve, Jean-Michel Lefèvre ne tarde pas à devenir un des maillons essentiels de l'équipe dans laquelle il restera jusqu'aux derniers jours de 1976. Début janvier 1977, il annonce en effet son départ pour Frontignan, une petite ville de l'Hérault où on lui propose une place et une reconversion intéressante.

Poste pour poste, il est alors remplacé par le jeune Yannick Quennehen, fils de l'ancien vainqueur d'étape au Tour de France 1953 et futur mari de la championne de natation synchronisée Muriel Hermine.

A l'ASC, Jean-Michel Lefèvre a disputé 100 matches en nationale et a évolué ensuite en réserve après avoir été victime d'une fracture du nez un certain soir de septembre 1974. Durant son passage à Amiens, il a laissé le souvenir d'un garçon scrupuleux dans sa préparation, exemplaire dans sa tenue sur le terrain mais aussi en dehors avec les dirigeants. Souvenir également d'un joueur élégant et professionnel dans toute l'acception du terme, à une époque où le club n'avait pas le statut pro.

Jean-Michel Lefèvre a donc quitté la Picardie mais il est revenu une vingtaine d'années plus tard puisqu'il a entraîné le CA Péronne avant de devenir un excellent conseiller technique départemental. Il a pris sa retraite à la fin de l'année 2007 et les clubs de la Somme lui ont rendu un hommage mérité. Toutefois, le démon du football a été le plus fort puisqu'il a repris du service en entraînant le club de l'ES 3V, avant cette fois de tirer définitivement le rideau.

Claude Le Roy

Joueur puis entraîneur

Né le 6 février 1948 à Bois-Normand (Eure)

« Ma conception du football et mon travail s'adressent surtout au niveau du comportement des joueurs. Je tiens à ce qu'ils aient un comportement digne et sain. C'est peut-être ainsi ce que je me suis reproché à moi sur mon propre comportement en tant que joueur. Du moins avant que je ne connaisse Albert Batteux. Ma carrière peut se diviser en deux périodes : l'avant Batteux et l'après Batteux. Avant, mon comportement était quelque peu contestable. Après ce fut l'école Batteux et j'ai beaucoup changé. Batteux pour moi, c'est l'intelligence, la compétence et une certaine personnalité qui vous inspire le respect. Dans le domaine technique, je suis un de ses fils spirituels et son football, c'est le mien aussi. » Voilà ce qu'avouait Claude Le Roy lorsqu'il est arrivé à Amiens après douze années de professionnalisme (Rouen, Ajaccio, Laval, Avignon notamment).

C'est donc à Amiens que la carrière de cet homme, qui fut surtout un incompris, a pris son véritable départ. De l'Amiens SC, Claude Le Roy était persuadé *« qu'il y avait de réelles possibilités pour réussir quelque chose à court ou moyen*

terme ». Durant les trois années qu'il a passées à Amiens, il a révolutionné le club.

Il était au début joueur-entraîneur, puis entraîneur et enfin manager général. Il avait un regard sur tout ce qui touchait au club, notamment sur le plan technique. Il avait pris l'habitude d'appeler chaque gamin licencié au club par son prénom. Arrivé le premier au stade Moulonguet, il en repartait le plus souvent un des derniers. Il se rendait également sur les terrains du département le mercredi à la découverte d'un jeune espoir susceptible de signer à l'ASC. C'est ainsi que Gérald Baticle, qui faisait alors des prouesses à Quevauvillers, fut repéré. Il était aussi capable de prendre le volant de sa voiture et d'aller assister dans la soirée à un match en division 1 à Laval (son ancien club) puis de reprendre la route dans la nuit vers Amiens.

Claude Le Roy a mis en place les structures techniques du club : chaque équipe se devait d'avoir un éducateur si possible appartenant au club. Il a tout réussi ou presque, car il n'a pu malheureusement permettre à son club d'accéder en division 2 et faire ainsi le grand saut. Tour à tour, Roubaix, Calais et Corbeil sont venus coiffer sur le fil son équipe.

La troisième saison de Claude Le Roy se termina par un invraisemblable imbroglio juridique puisque, à quelques journées de la fin du championnat, l'ASC se faisait battre contre toute attente à Douai. Les Amiénois déposaient une réclamation contre le club de Douai qui avait aligné un joueur présentant une licence FSGT. En dépit du soutien de la Ligue de Picardie, en dépit d'un admirable mais, hélas, vain combat juridique, l'Amiens SC ne put gagner face à la fédération française et récupérer ainsi les 2 points de la victoire. L'ASC fut définitivement débouté le 24 juin 1983 et c'est Roubaix où jouait alors Laurent Bouchez qui accéda à la division 2.

Ce revers fut sûrement déterminant quant au choix de Claude Le Roy pour son avenir, alors que le président Michel Deraeve pensait bien qu'il repartirait pour un nouveau bail après ces trois années. Mais Claude fit volte-face et accepta à la fin de ce mois de juin les propositions du club de Grenoble et de son président Marc Braillon.

Claude Le Roy n'était pas seul à quitter le club puisque Pierre Mankowski, qui pensait succéder à Le Roy (mais c'est Gaby Demenez qui lui fut préféré), partait à Caen où sa carrière d'entraîneur démarrait vraiment.

C'était vraiment pour Le Roy le début d'une aventure qui allait ensuite le mener dans tous les pays du monde, notamment les pays africains. En tant qu'entraîneur, il devait obtenir de brillantes performances au Sénégal, au Cameroun, au Zaïre, au Ghana, remportant la CA. Mais il officia également en Asie. Globe-trotter du football, homme de terrain mais aussi très bon journaliste et consultant de valeur, il a eu la chance de connaître un jour un certain Albert Batteux, un entraîneur comme on n'en verra plus, tant le monde du football a évolué.

« *Je ne suis pas venu ici Amiens en tant que sauveur mais avant tout pour travailler* », avait déclaré Claude Le Roy lorsqu'il signa son contrat à Amiens. Claude savait très bien qu'une accession ne se programme jamais à l'avance.

Un quart de siècle plus tard, ses propos n'ont absolument pas pris une ride. Claude Le Roy est éternel. Un peu partout dans le monde, il s'est tissé un fort réseau de connaissances mais a suscité aussi pas mal d'inimitiés. Ce qui ne l'empêche pas sans cesse de rebondir.

Ernest Libérati

Ailier

Né le 22 mars 1908 à Oran (Algérie)
19 fois sélectionné en équipe de France dont 16 avec Amiens

« *C'était mon idole* », avoue Jacky Braun, ancien sélectionneur des équipes de France juniors et espoirs, joueur de l'Amiens AC et qui, gamin, fréquentait assidûment le stade Moulonguet.

Originaire d'Afrique du Nord, Ernest Libérati qu'on appelait familièrement « Libé » ou « Nénesse » a été à son époque une grande vedette du football français et bien sûr amiénois.

C'est bien simple, entre 1930 et 1932, il a porté 16 fois le maillot de l'équipe de France, avant de poursuivre sa carrière au SC Fivois où il fut 3 fois international.

Il était arrivé à l'Amiens AC au début de la saison 1929-1930 et c'est vraiment en Picardie qu'il a connu la gloire, guidé de main de maître par Paul Nicolas. Il participa à cette demi-finale, restée longtemps célèbre, de la Coupe de France le 12 avril 1930 au stade de Colombes contre le RC France et qui tourna, injustement, au désavantage de l'AAC.

« *Les gens l'aimaient bien,* poursuit Jacky Braun. *Il était vraiment la coqueluche du stade Moulonguet. Personnellement, je l'ai vu jouer et je vous assure que c'était un ailier vif argent, rapide. En plus, c'était un garçon très sympa.* »

En équipe de France, Libérati avait succédé au célèbre Dewaquez et il sut d'entrée s'en montrer digne. Le 23 février 1930, il débutait contre le Portugal et il était, en dépit de la défaite (2-0), cité parmi les meilleurs joueurs du match. Un mois plus tard, il était rejoint en équipe de France par son équipier Paul Nicolas contre la Suisse, match au cours duquel il marqua même un but (3-3). Toutefois, Libérati a surtout frappé les esprits en allant participer à la première Coupe du monde qui devait se disputer très loin, en Uruguay. Le 19 juin 1930, Libérati quittait la France pour rejoindre Montevideo. Le voyage fut très long (plus d'un mois), car la traversée de l'Atlantique s'effectua en paquebot. Les Tricolores s'entraînaient sur place mais la Coupe du monde, sur le plan sportif, ne resta pas un grand souvenir. Ernest Libérati joua le premier match contre le Mexique (4-1) et il était encore retenu contre le Chili et l'Argentine. Cette première Coupe du monde en Uruguay coïncidait néanmoins avec l'époque dorée du football à Amiens puisque l'équipe de France alignait, outre Ernest Libérati, un autre joueur amiénois, Célestin Delmer. Le football picard était aux anges avec les autres internationaux qu'étaient Hurtevent, Wallet et Taisne.

On ne sait toujours pas pourquoi cet attaquant racé, né de l'autre côté de la Méditerranée, a su s'imposer dans le nord de la France et devenir l'idole du stade Moulonguet.

Raymond Lokuli

Attaquant

Né le 28 avril 1971 à Kinshasa (République démocratique du Congo)
International zaïrois

Pour de nombreux spécialistes, Raymond Lokuli laisse un sentiment d'inachevé. Voilà un attaquant pétri de talent, surpuissant, rapide et formidable buteur. Malheureusement, ce garçon n'a pas su ou pu mettre en conformité ses qualités footballistiques et sa façon de vivre au quotidien.

Très tôt, lorsqu'il est arrivé à Amiens, il a reconnu que la gourmandise était son vilain défaut. Avec le temps, cela ne s'est pas arrangé et Raymond Lokuli a perdu peu à peu de son tonus.

Du reste, dans ce milieu du football où l'on aime chambrer, il allait de l'avant et se décrivait comme *« quelqu'un de gros, râleur et génial »*. Il partait aussi du principe que *« dans notre métier de footballeur, on trouve pas mal d'hypocrites. Il vaut mieux avoir du caractère sinon, on se fait marcher sur les pieds »*.

Raymond Lokuli aurait aussi aimé devenir boxeur. Il en avait du reste la morphologie et, à bien des égards, il avait une certaine ressemblance avec le célèbre Mike Tyson.

Amoureux de Bob Marley dont il achetait les disques, il était né à Kinshasa. Tous les jeunes Zaïrois voulaient quitter leur pays et tenter l'aventure en France. A Amiens, avant lui, évolua également un joueur de grande classe : Jeannot Makukula. Il eut la chance au départ d'être repéré par un entraîneur belge de passage au Zaïre (on ne disait pas encore République démocratique du Congo). Dès l'âge de 15 ans, Lokuli arriva en Belgique mais il n'y resta que six mois. Il repartit donc au pays. Puis, en décembre 1986, plutôt que de retourner en Belgique, il fit étape en France. Pendant six mois, il s'entraîna seul et entra au centre de formation de Nîmes. A 17 ans, il suivit son entraîneur Jean Sérafin qui partait pour Tours.

Dans cette ville, Lokuli allait briller de mille feux dans le championnat de deuxième division. Blessé au genou au cours de sa troisième saison (1990-1991), Raymond fut sur le flanc durant six mois. Blessé à nouveau, il se soigna et débarqua à Amiens au cours de la saison 1995-1996.

Lokuli effectua ses grands débuts le 12 octobre 1994 contre Laval et frappa fort en inscrivant 2 buts. C'était le début d'une belle carrière sous le maillot amiénois. Il marquait but sur but et au début, en attendant sa naturalisation, il continuait de défendre les couleurs du Zaïre. Il savait créer une ambiance du tonnerre dans le club dont il était un peu l'idole.

En match, il perforait les défenses et ses coups de rein et ses démarrages balle au pied sont restés légendaires au stade Moulonguet. Malheureusement, comme la cigale, il ne se rendait pas compte que le temps passe décidément très vite. Les blessures à répétition, les problèmes de poids ont fait qu'il a dû se résigner à mettre fin à sa carrière de haut niveau.

Raymond Lokuli était aussi, semble-t-il, un cas médical. Il a connu de nombreux accidents musculaires et articulaires. Il a été opéré des deux genoux, des ligaments. Il a donc fallu constamment surveiller son alimentation, son hygiène de vie, son entraînement, sa récupération, ses étirements. Et surtout son poids. On estimait alors en effet qu'à 85 kilos, il était à son poids de forme.

Raymond Lokuli n'a jamais quitté Amiens. Mais longtemps encore, on se demandera jusqu'où il serait allé s'il avait été un peu plus raisonnable, avec la diététique notamment. S'il avait été, enfin, un tantinet plus sérieux...

Ladislas Lozano

Né le 24 juin 1952 à Valheruoso (Espagne)

Ladislas Lozano a marqué l'histoire du club de Calais avec cette magnifique épopée de la Coupe de France qui vit son équipe parvenir en finale face à Nantes. Lozano a aussi été durant de longues années un joueur cadre du SC Abbeville et c'est dans un club voisin qu'il effectua ses vrais débuts d'entraîneur : Friville-Escarbotin. Pourtant, Ladislas Lozano trouve sa place dans ce registre des joueurs ayant évolué à l'ASC où il n'aura en définitive fait qu'un passage éclair.

Lolo venait de passer quatre belles saisons à Abbeville mais, à l'époque, il éprouvait l'envie de changer d'air. Il était déçu, il est vrai, de l'attitude de ses dirigeants qui n'avaient pas tenu leurs promesses. Début juillet 1976, il faisait connaissance avec ses nouveaux équipiers au stade Moulonguet mais également avec son entraîneur André Grillon. Avec lui débarquait au club un attaquant venu de Sedan, Christian Saurfeld. L'ASC restait sur une remarquable saison, la meilleure avant celle de Ludovic Batelli en 2006-2007. Mais depuis

longtemps, on sait qu'en football les années se suivent mais ne se ressemblent pas toujours.

Ladislas Lozano s'entraînait certes au stade Moulonguet mais il résidait toujours à Abbeville. Il disputait les matches amicaux et débuta le championnat par un bon résultat à Hazebrouck où figurait un certain Pierre Mankowski. Mais Lolo ne s'acclimatait pas au club et à la ville. Il trouvait le temps long et s'ennuyait. D'un commun accord, le 10 septembre 1976, il quittait Amiens pour revenir dans le club de la cité de Courbet. Il démissionnait de l'ASC où il n'était finalement resté que deux petits mois. Il retournait dans la foulée à Abbeville où il allait connaître bien des satisfactions et notamment une belle aventure en division 2.

C'est du reste à Abbeville qu'il célébra son jubilé avant de dresser sa tente un peu partout, lui qui avait quitté son village espagnol à l'âge de 4 ans pour rejoindre avec sa famille la région parisienne.

Dans son palmarès très riche, nul doute que pour Ladislas Lozano son passage à Amiens est plutôt considéré comme un échec.

Eric Luczkow

Gardien

L'ASC a toujours eu de remarquables gardiens. En remontant le temps ces dernières années, on relève le nom d'excellents derniers remparts : Sébastien Chabbert, Cyrille Merville, Julien Lachuer, Philippe Poil, Joël Beaujouan, Robert Ragon, etc. Un garçon mérite de figurer dans cette liste. Pourtant, garçon très discret, il n'a jamais cherché à en rajouter sur un terrain. Dans sa carrière, il n'a pas laissé de souvenirs impérissables. Il n'était pas homme à jouer pour la galerie. Avec lui primait d'abord l'efficacité. Eric Luczkow a plutôt été un gardien d'une très grande sobriété, ne cherchant jamais à effectuer

son numéro. Calme dans la vie, ses entraîneurs lui avaient confié le brassard de capitaine. Preuve qu'il avait un certain ascendant sur ses équipiers à qui il décochait certaines vérités lorsque les résultats ne suivaient pas et que, sur le terrain, tout le monde n'avait pas rempli sa mission.

Eric Luczkow était le dernier rempart de cette équipe de minots dirigée au début des années 1990 par Hugues Jullien. Ancien Sedanais, il devint même, en raison de son influence sur le groupe, le capitaine de l'équipe qui accéda en deux saisons de la division 4 à la division 2.

A une certaine période, Eric était quasiment imbattable. Il savait repousser ou détourner les corners, repousser des tirs cadrés, anticiper en sortant dans les pieds des attaquants adverses. Quand on lui disait qu'il était en état de grâce, modeste, Eric répondait : *« Il est normal que je sois sollicité et que je me mette en évidence. »* Et il ajoutait qu'il voulait être à l'image de toute l'équipe : en forme.

Lui qui était la sobriété même était heureux de voir le bon vieux stade Moulonguet s'enflammer lorsque Jarolim adressait un ballon qui allait permettre à Gérald Baticle de marquer. Eric Luczkow avait aussi une qualité : la régularité. Dans sa carrière, il n'a pour ainsi dire jamais été blessé.

Il participa à deux accessions et connut quelques jours de gloire comme ce samedi 19 janvier 1991, lorsque l'ASC s'en vint éliminer en Coupe de France au stade Bollaert l'équipe professionnelle de Lens, entraînée par Arnaud dos Santos et dans laquelle figuraient quelques vedettes telles que Sikora Wallemme, Magnier, Gillot, Laigle et Slater. Et pourtant, Lens restait sur une impressionnante série de douze succès consécutifs. En fin de saison, au moment du sprint final, Eric Luczkow remobilisa le groupe qui devait atteindre son objectif : la D2. Mais il répétait sans cesse qu'un homme avait contribué à cette accession : l'entraîneur Hugues Jullien à qui il rendait fréquemment hommage.

Eric Luczkow souhaitait poursuivre l'aventure et évoluer en division 2. Malheureusement, comme pour Jarolim, l'accord ne se fit pas et l'ancien Sedanais prit ses valises et quitta Amiens, deux ans après y être arrivé.

Patrick Maison

Milieu de terrain

Né le 24 novembre 1952 à Amiens (Somme)

Dans l'histoire du club d'Amiens, Patrick Maison reste comme un joueur inachevé. En ce sens qu'il aurait pu et dû réussir une carrière beaucoup plus accomplie. Est-ce un manque d'ambition ? Nous n'en savons à vrai dire rien.

Patrick Maison appartient à la génération de Pierre Mankowski. En 1968, alors que commencent les Jeux olympiques de Mexico et que le nouvel entraîneur d'Amiens, André Grillon, emmène l'équipe de France amateurs vers un joli succès face aux Mexicains, la formation d'Amiens lance deux cadets pour la première journée du championnat CFA groupe Nord : Pierre Mankowski et Patrick Maison. L'ASC se déplace à Rouen et Paul Pruvost (un parent très proche du jeune Maison) dirige une équipe qui va s'imposer en Normandie. Pierre Mankowski poursuit sur sa lancée, devient professionnel tandis que Patrick Maison, pourtant extrêmement doué, balle au pied, va rester dans sa bonne ville d'Amiens.

Troisième du concours national du Jeune Footballeur, Patrick Maison est ensuite présélectionné en équipe de France juniors en 1968, 1969 et 1970. Il va alors côtoyer en tant qu'équipiers les Sarramagna, Santini, Chiesa, Dropsy, Lacombe. Il a même la chance de disputer le match France-Portugal.

A Amiens, il continue à prendre du plaisir en tant que joueur mais lorsque Claude Le Roy arrive au club au début des années 1980, il lui conseille de se diriger vers l'enseignement du football, plus particulièrement les gamins. Et

Ici, à droite.

c'est tout naturellement que Patrick Maison sera le véritable initiateur du baby ballon. Ce jeu s'adresse aux jeunes entre 3 et 6 ans. Le baby ballon a depuis pris une très grande dimension à l'ASC.

Parallèlement, Patrick Maison va effectuer une belle carrière en tant que maître nageur puis directeur de piscine au centre Pierre de Coubertin et à la piscine Vallerey. Le bonhomme est peut-être passé à côté d'une belle carrière de joueur mais il n'a pas à le regretter tant son activité professionnelle a été une vraie réussite.

La saga des Mankowski

Pierre (né le 4 septembre 1951) et Frédéric Mankowski (né en 1953)

C'est l'histoire d'une famille qui a été marquée, influencée par le football et qui s'est élevée socialement grâce au football. Jean Mankowski, d'origine polonaise, a évidemment joué à l'Amiens Athlétic Club dont il fut, plus tard, l'entraîneur. Ses deux enfants, Pierre et Frédéric, ont également effectué une belle carrière à l'Amiens SC avant de la poursuivre sous d'autres cieux.

Le père, Jean Mankowski.

Les deux frères : Pierre à gauche et Frédéric à droite.

Jean Mankowski a joué à Amiens lorsque le club était professionnel juste après la guerre. Il a été un peu plus tard entraîneur de l'Avenir de l'Etoile où il a laissé d'excellents souvenirs. Il est malheureusement décédé trop tôt, laissant une veuve et deux fils, Pierre et Frédéric, le cadet de 7 ans. « *Pierre a été un exemple pour moi* », répète à l'envi Frédéric qui, rapidement, a pu constater qu'il était moins doué que Pierre. Les deux frangins ne s'entendent pas toujours et ne se comprendront que plus tard, lorsqu'ils deviendront adultes. La mère va élever avec un mérite immense ses deux fils. Elle les verra grandir, s'épanouir et réussir parfaitement leur parcours. Pierre et Frédéric ont pleinement réussi leur vie.

Jean Mankowski est en effet parti trop tôt. « *Il souffrait d'un cancer,* se souvient Frédéric. *J'avais 6 ans lorsque mon père s'en est allé alors qu'il n'avait que 38 ans. Il s'est conduit comme quelqu'un qui savait qu'il allait disparaître. Chaque jour, je souffre de son absence. Je le revois et je l'entends.* » De la mère, Pierre et Frédéric vont recevoir une éducation très stricte. « *Il fallait rendre des comptes et nous ne faisions pas n'importe quoi,* poursuit Frédéric. *Ce n'était pas facile mais nous n'avons jamais manqué de rien.* » Maman Mankowski peut être fière de ses deux rejetons.

Pierre a dans un premier temps débuté au club voisin qui était l'ASPTT Amiens. Très tôt remarqué par l'ASC, il éclate sous l'ère André Grillon. C'est incontestablement l'entraîneur qui l'a le plus marqué, celui en tout cas qui lui a donné l'idée de devenir à son tour entraîneur et de réussir le superbe parcours qui a été le sien. En 1968, Pierre, qui est encore cadet, se voit propulsé dans l'équipe seniors qui débute le championnat de CFA groupe Nord. Il contribue au succès obtenu à Rouen. La carrière de Pierre est lancée et il va rester à Amiens jusqu'en 1972, moment où il part tenter l'aventure du professionnalisme à Lens. Il revient un peu plus tard à Amiens au début des années 1980 avec Robert Buchot, puis Claude Le Roy en tant qu'entraîneur.

Quand Claude Le Roy quitte Amiens au bout de trois années de contrat, Pierre Mankowski estime qu'il peut, à juste titre, devenir son successeur. Erreur. Les dirigeants choisissent une tout autre solution, si bien que Manko part avec certains regrets pour le Stade Malherbe de Caen où débute réellement sa carrière d'entraîneur. Jamais Pierre n'oubliera Amiens, sa ville natale et où demeure toujours sa mère. Il y revient à chaque fois qu'il en a l'opportunité.

« *Le football, c'est un besoin chez moi* », dit encore Manko qui, toute sa vie, a été animé de la plus dévorante des qualités : la passion. Son bâton de maréchal, Pierre, Pierrot pour les intimes, il l'a obtenu lorsque Jacques Santini l'a appelé à ses côtés pour entraîner l'équipe de France. Un peu plus tard, Raymond Domenech l'a confirmé dans ses fonctions.

Quant à Frédéric Mankowski, il a compris très tôt que la nature ne lui a pas donné les mêmes qualités techniques que son grand frère. Alors, après avoir évolué à l'ASC le plus souvent avec la réserve, il s'est lancé à fond dans le métier de kinésithérapeute. En 1983, il devient officiellement celui de l'ASC avant d'intégrer l'équipe de France des espoirs entraînée par un autre Amiénois,

Jacky Braun, puis l'équipe A dirigée par Michel Platini. La filière amiénoise a parfaitement fonctionné puisque le docteur Jacques Liénard, membre du Conseil fédéral, a sérieusement recommandé Frédéric auprès du staff technique de la Direction technique nationale. Sa carrière touche l'Everest en 1998 lorsque la France devient championne du monde. Dans la foulée, Frédéric devient le kiné du RC Lens.

Pierre aura un peu moins de chance car, en 2006, l'équipe de France dont il est l'entraîneur adjoint perd la finale de justesse face à l'Italie. Frédéric Mankowski vit alors l'ambiance de la Coupe d'Europe avec le club artésien. Très jeune, Frédéric avait l'habitude de la jouer dans la rue, avec des cartables en guise de poteau.

Là-haut, Jean Mankowski peut être fier de ses deux fils.

René Marsiglia

Joueur puis entraîneur

Né le 17 septembre 1959 à Aubagne (Bouches-du-Rhône)

René Marsiglia est né dans le Midi et pourtant, c'est dans le nord de la France qu'il a effectué ses débuts de joueur professionnel : à Boulogne, sous la direction de Daniel Lengrand qui avait été l'entraîneur de son frère Jean-Louis à Montélimar.

Avant de venir plus tard à Amiens en 1994, il a accompli un très beau parcours qui l'a mené à Lille cinq saisons, Lens, Toulon et Nice où il est resté sept ans. C'est alors qu'il a reçu un coup de fil d'Arnaud dos Santos qui était en poste à l'ASC. L'entraîneur amiénois souhaitait enrôler un joueur d'expérience. C'est donc à Amiens que René Marsiglia a terminé son activité de joueur avant de devenir entraîneur des moins de 17 ans, celui de la réserve du club et, un peu plus tard, celui de l'équipe professionnelle.

René Marsiglia est un homme d'une rare fidélité et qui n'a jamais oublié cette phrase que lui a dite un jour son père : « *N'oublie jamais d'où tu viens. N'oublie jamais qui tu es, sinon je serai là pour te le rappeler.* » Ces mots, René ne les as jamais reniés mais, hélas, son père Louis qui trima dur pendant trente-cinq ans dans une entreprise de métallurgie près de Marseille s'en est allé trop tôt. « *Il n'y a pas une journée sans que je ne pense à lui* », insiste René qui se souvient qu'après la disparition du père, c'est la mère qui a courageusement élevé toute la famille, car il y avait sept bouches à nourrir. Toute sa vie, René Marsiglia a marché droit en s'efforçant d'être digne du père qui lui a enseigné le respect de l'autre et l'honnêteté.

Avec l'ASC, il fut un entraîneur pédagogue et qui avait son bureau ouvert pour le dialogue avec les joueurs. Des joueurs qui ne lui ont pas toujours renvoyé l'ascenseur. Certains l'ont même trahi, provoquant ainsi sa démission.

Lors de la saison 1999-2000, l'équipe prit un départ exceptionnel puisqu'elle était en tête du championnat de L2. Le jeu était de qualité jusqu'au moment où se produisit une cassure inexplicable. L'équipe ne parvenait plus à gagner en championnat et restait sur une impressionnante série de défaites et de nuls, à la recherche d'une victoire salvatrice. Celle-ci vint fin janvier 2000 en 32es de finale de la Coupe de France contre la grande équipe d'Auxerre entraînée par Guy Roux : 1-0. Toutefois, les jours de René Marsiglia étaient comptés puisque, moins d'un mois plus tard, après une nouvelle défaite à Toulouse qui plongeait l'ASC dans les trois derniers, l'entraîneur amiénois démissionnait. Abandonné de tous, René Marsiglia se rendait compte qu'il ne pouvait plus rien faire et qu'il se trouvait dans une sorte d'impasse.

A la mi-février, il jetait l'éponge et fut remplacé par Victor Zvunka, arrivé au club en début de saison en tant que directeur sportif mais qui ne put sauver l'équipe de la relégation.

Le club paraissait alors aux abois en ce mois de mai 2000 mais on sait qu'en sport, la roche Tarpéienne n'est jamais éloignée du Capitole. Denis Troch n'allait pas tarder à débarquer et rendre la fierté à tout un club et une région. Quant à René Marsiglia, il quitta Amiens très amer avant d'aller exercer sous d'autres cieux, notamment au Havre (B), à Cannes et Alès et, si aujourd'hui la plaie s'est refermée, jamais il n'a oublié cet épisode picard.

Vraiment, il méritait un tout autre départ de l'ASC. Aujourd'hui, René se bat contre un tout autre adversaire : la maladie.

Emilien Méresse

Entraîneur

Né en 1915

Mine de rien, beaucoup l'on sûrement oublié, mais Emilien Méresse fut à l'Amiens AC puis Amiens SC (la transition se fit en 1961) un entraîneur plutôt stable. Le club avait abandonné le professionnalisme en 1954 et quelques années plus tard, un Nordiste devenait le responsable technique du club.

Emilien Méresse resta au club durant huit saisons entre 1960 et 1968. Cette période fut difficile, car les structures étaient plutôt moyennes et l'équipe première condamnée à végéter en CFA.

Il avait connu ses heures de gloire en tant que joueur au SC Fivois. Il avait même été une fois international avec l'équipe de France qui avait rencontré en 1936 la Yougoslavie au Parc des Princes. Méresse jouait milieu de terrain (à l'époque on disait demi-aile) et son rôle était d'empêcher la montée des ailiers adverses. Autres temps, autres tactiques. Dans cette équipe de France, on notait la présence de grandes vedettes de l'époque, Jules Vandooren, Alfred Aston, Roger Courtois, Oscar Heisserer.

Quand il arrive à Amiens, le club vit plutôt chichement et opère dans le championnat de CFA en compagnie du voisin abbevillois. Les rencontres entre les deux clubs sont épiques et Emilien Méresse parvient à motiver ses joueurs qui effectuent de bons parcours durant les sept saisons qu'il va passer à Amiens. Epoque où le mot professionnalisme est banni.

Ces années 1960 sont marquées par l'arrivée de quelques bons joueurs tels que Jacques Falize, défenseur de caractère, les frères Legrand, André et le malheureux Robert qui trouva la mort dans un accident de la circulation, ou Paul Imiéla qui est venu depuis son Nord natal. Imiéla a été recruté par un simple dirigeant (monsieur Bouvet dont la profession était boucher-charcutier). A cette époque, les managers n'avaient pas envahi le milieu comme aujourd'hui.

En 1968, Emilien Méresse quitte le club dans la discrétion la plus totale, ce qui contraste singulièrement avec l'arrivée d'André Grillon. En ce mois de mai 1968, l'ASC vient de faire sa révolution alors que toute la France est en grève.

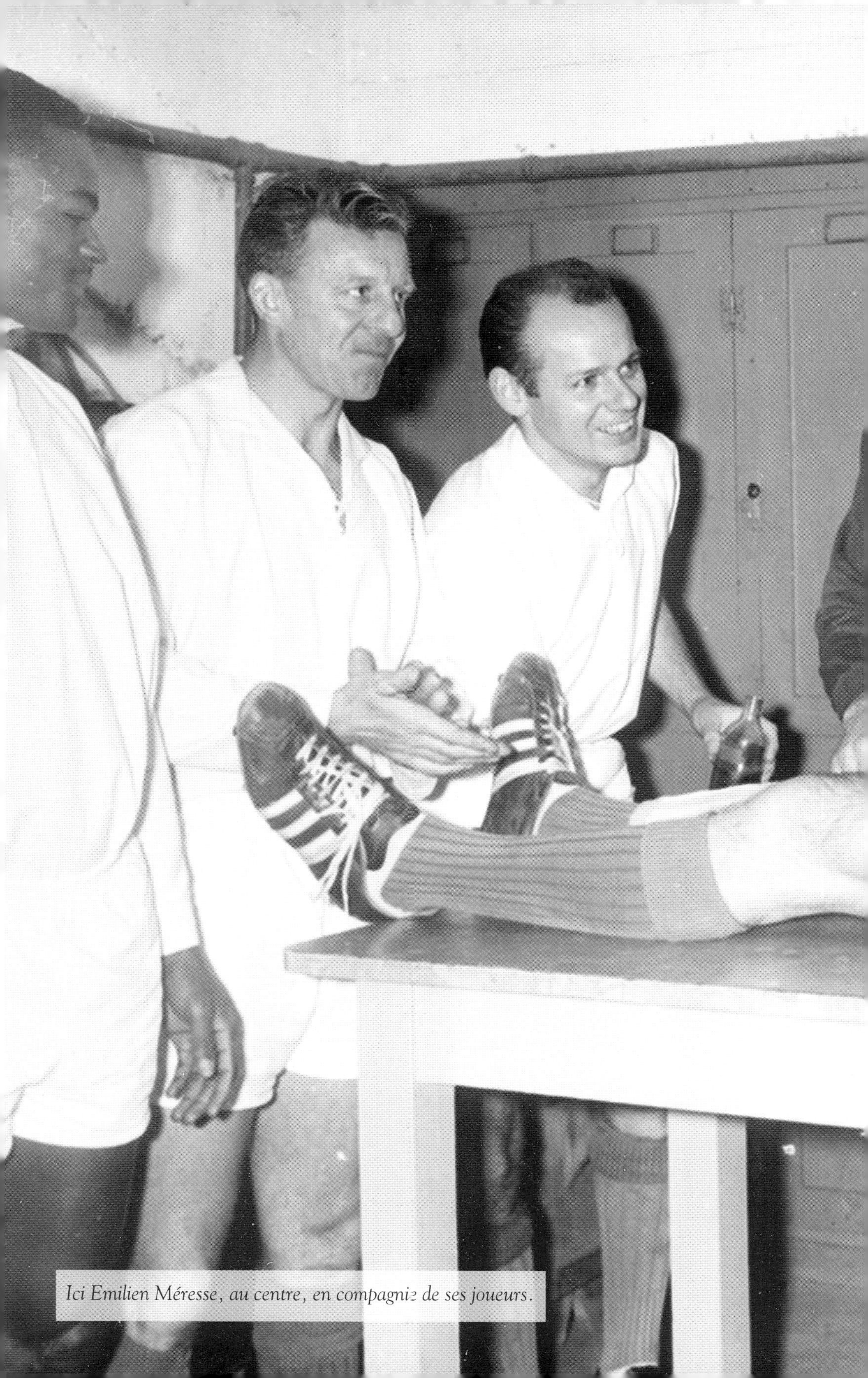

Ici Emilien Méresse, au centre, en compagnie de ses joueurs.

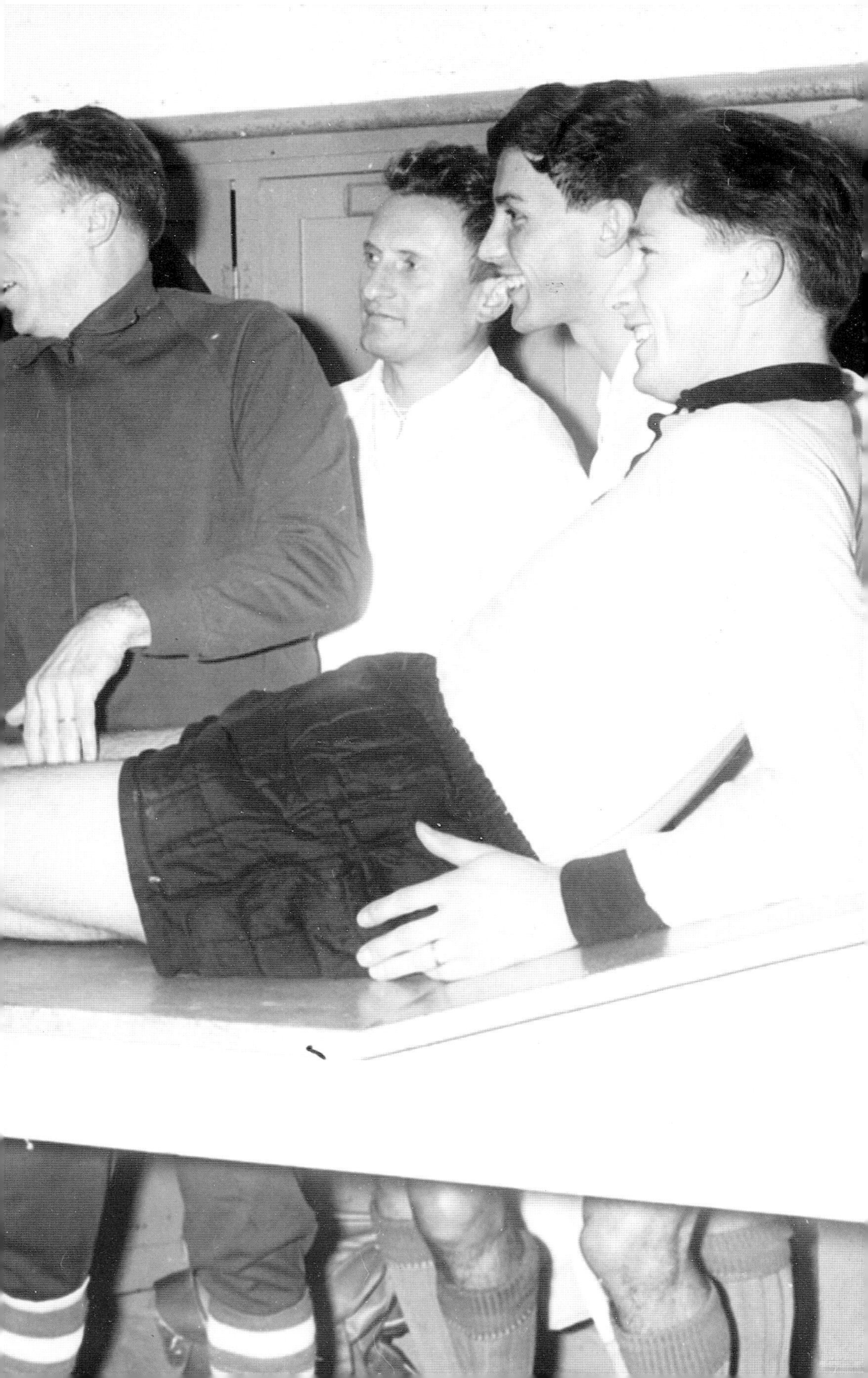

Cyrille Merville

Gardien

Né le 14 avril 1982 à Amiens (Somme)

Même si son départ de l'Amiens SC pour Troyes, à l'aube de la saison 2007-2008, a laissé un sentiment amer, Cyrille Merville n'a vécu dans l'ensemble que de bons moments à l'ASC.

Né à Amiens, il est issu d'une famille de footballeurs puisque son père s'est illustré à Roye dans les années 1970. Il voulait devenir footballeur professionnel. Il y est parvenu et toute sa vie est rythmée autour du ballon rond.

« Gamin, je jouais pour m'amuser. J'ai débuté à Roye parce que mes parents résidaient dans cette ville. Dès que je suis arrivé en moins de 13 ans et même en benjamins, j'ai eu le déclic. Le foot m'a toujours attiré. » Pour réussir dans son entreprise, il remarque que le poste de gardien lui convient le mieux. *« J'aime bien, car on a quelque chose de concret à défendre et on peut se servir de tout son corps. Auparavant avec les débutants, je jouais dans le champ. L'année suivante, il manquait un gardien dans l'équipe. Je me suis dévoué et je dois dire que le poste m'a plu. »*

Le jeune Cyrille, garçon un peu introverti, timide, a une idole : Bernard Lama. Son côté félin lui plaît mais à ce moment, il est loin d'imaginer qu'il sera un jour professionnel. A Amiens, ses éducateurs sont successivement Daniel Pingrenon, Thierry Claeys, Paul Imiéla, Manu Pirès, Patrick Abraham, puis sur le plan spécifiquement gardien : Sylvain Bied, Denis Troch qu'il retrouvera plus tard à Troyes, Christophe Gardié et Franck Mary. Sélectionné une fois en équipe de France des 17 ans, Cyrille Merville manque en revanche un rendez-vous important : celui du bac. Les études ne marchant pas bien, il sait que le football peut lui sauver la mise et lui servir de tremplin. Il y consacre toute son énergie. *« J'ai arrêté mes études. J'ai fait un choix et j'espère que je ne me suis pas trompé »*, dit-il quelques jours avant qu'Amiens ne dispute la finale de la Coupe de France contre Strasbourg en mai 2001.

Il ne s'est pas trompé, Cyrille Merville. Longtemps doublure de Julien Lachuer, il aura sa chance inévitablement, et ce grâce à Denis Troch, entraîneur de l'ASC et lui aussi ancien gardien. Denis Troch est arrivé au cours de la saison 2000-2001 qui fait suite à la relégation en nationale. Jamais Cyrille Merville n'oubliera cette extraordinaire saison.

Il est le numéro 2 derrière Lachuer mais il participe à la folle aventure qui voit l'équipe remonter en D2 et surtout parvenir en finale de la Coupe de France au Stade de France.

Sans jamais avoir disputé un seul match officiel, Cyrille est retenu dans le groupe qui rencontre Strasbourg. *« Je suis le porte-bonheur »*, souligne simple-

ment Cyrille qui, dans l'ombre, participe à cette incroyable succession de victoires et de qualifications.

Oscar Muller

Né le 28 juillet 1957 à Rosario (Argentine)

Muller, ici à gauche.

Au cœur de cette saison 1986-1987, les affaires ne vont pas bien fort à l'Amiens SC qui se débat dans les profondeurs du classement en division 2. L'équipe entraînée par Camille Choquier vient de perdre son capitaine Serge Amouret gravement blessé lors du derby contre Abbeville (rupture des ligaments croisés de la cheville gauche), mais également Boris Bajac qui s'est fait rattraper par la justice et a été exclu du club.

Durant l'automne, le président Delahaye part à la recherche de renforts. Dans un premier temps arrive le Zaïrois Makukula, puis le Franco-Argentin Oscar Muller. Celui-ci n'est autre que le fils du célèbre Oscar Muller qui a brillé de mille feux à Nantes dans les années 1960.

Oscar Muller fils est au chômage après avoir évolué à Nantes (250 matches en division 1) et Rennes. L'ASC obtient une dérogation, engage jusqu'à la fin de la saison Oscar Muller qui effectue ses grands débuts le 8 novembre 1986 contre le Stade de Reims (0-0) devant plus de 4000 spectateurs.

« Je ne suis pas fini. C'est un défi avec moi-même. Je sais que Camille Choquier a reçu de nombreux coups de téléphone de personnes bien intentionnées lui disant que j'étais cuit. Je veux prouver que ce n'est pas vrai », déclare d'emblée Oscar

Muller qui contribue à donner à l'équipe une certaine stabilité. De courte durée malheureusement puisque la suite du championnat est décevante et l'ASC va redescendre en division 3. Oscar Muller quitte donc Amiens six mois après son arrivée. Son nom disparaît ensuite des gazettes mais il va, malheureusement, revenir plus tard dans les communiqués. Une brève dépêche AFP au début des années 2000 nous apprend qu'Oscar Muller vient de trouver la mort sur une route de La Réunion. Triste fin pour un joueur généreux qui a eu la même fin tragique que Robert Legrand et Jean-Pierre Monfrance, décédés eux aussi dans un accident de la circulation.

Paul Nicolas

Avant-centre

Né le 4 novembre 1899, décédé dans un accident de la circulation avec son épouse le 3 mars 1959
35 fois international dont 7 fois lorsqu'il joue avec Amiens
Sélectionneur de l'équipe de France
Vainqueur de la Coupe de France à 4 reprises avec le Red Star (1921, 1922, 1923, 1928)

L'histoire a retenu que le grand Paul Nicolas, l'un des meilleurs attaquants français de tous les temps, est venu à l'Amiens Athlétic Club grâce à la proposition qui lui avait été faite par les dirigeants amiénois. Il s'agissait tout simplement de tenir une poissonnerie, La Poissonnerie Parisienne sise rue de Noyon à Amiens. En outre, Amiens n'était guère éloigné de Paris et les tractations ont facilement abouti. C'est ainsi que l'Amiens AC a pu s'offrir à l'époque ce joueur prestigieux, cet attaquant complet, capable à la fois de faire jouer ses partenaires et de terminer lui-même les actions offensives de son équipe.

Ancien entraîneur des équipes de France juniors et espoirs, Jacky Braun se souvient à peine de cette époque.

« Paul Nicolas m'a porté dans ses bras et avec mes parents, nous allions acheter du poisson chez lui », dit-il. Il est vrai que le père de Jacky Braun jouait aux côtés de Paul Nicolas qui débarqua à Amiens, précédé d'un superbe palmarès. Paul Nicolas avait été 4 fois vainqueur de la Coupe de France et 28 fois international alors qu'il portait le maillot du Red Star Olympique.

A Amiens de 1929 à 1931, il prouve qu'il n'est pas en fin de carrière et le maillot de l'équipe de France, dont il est par ailleurs le capitaine, il va le porter encore 7 fois. C'était un avant-centre solide, sûr de lui, un homme qui a vraiment marqué le football de son époque. Mais à Amiens, il commence à souffrir de la hanche, ce qui va progressivement le diriger vers la retraite.

Paul Nicolas a laissé une trace indélébile dans l'histoire du football amiénois. Avec lui, l'histoire a retenu ce triste souvenir d'une importante rencontre de Coupe de France, avec un claquage quelque peu surprenant. Il s'agissait d'une demi-finale et l'AAC était opposé au RC France. Alors qu'il se trouvait à 1 mètre seulement du but parisien qui était vide, Paul Nicolas se mit à clopiner. Un enfant de 4 ans aurait marqué mais Nicolas était tétanisé, incapable de faire le geste suffisant. Il lui fut tout simplement impossible de pousser dans le but parisien ce ballon qui aurait ainsi permis à l'AAC de se qualifier pour la finale. Les deux équipes se sont retrouvées une semaine plus tard (à l'époque, les matches étaient rejoués en cas d'égalité). Cette fois, l'AAC fut victime d'une grave erreur d'arbitrage. Le directeur de jeu accorda en effet un but marqué de la main par un joueur du RC France, provoquant le courroux d'Urbain Wallet. En cette année 1930, l'Amiens AC méritait largement d'aller en finale de la plus prestigieuse épreuve française.

L'année suivante, le 8 mars 1931, l'Amiens AC parvenait en quarts de finale au stade de Colombes face à Montpellier qui s'imposait par 2-1. Ce match marquait un peu la fin de la belle carrière de Paul Nicolas qui se contenta de jouer un rôle de figurant devant l'équipe héraultaise.

Paul Nicolas est devenu plus tard sélectionneur de l'équipe de France. Il l'était ainsi en 1958, avec comme entraîneur Albert Batteux. Epoque dorée du football français que cette fin des années 1950. Les Tricolores pratiquaient un jeu offensif et les Kopa, Jonquet, Piantoni, Fontaine sont allés jusqu'en demi-finale de la Coupe du monde, battus par le Brésil emmené par Pelé qui commençait à se faire un nom. Cette belle réussite, Paul Nicolas y avait contribué, car en tant que responsable de cette équipe de France et sélectionneur, il avait démontré un remarquable esprit de conciliation qui avait permis au groupe français de se souder.

Dans l'histoire du football français, Paul Nicolas reste unique. Il fut un grand joueur et ensuite un très bon dirigeant. Dommage que la ville d'Amiens n'ait pas su lui rendre l'hommage qu'il méritait avec par exemple un stade dédié à son nom ou même une tribune de la Licorne.

Moins d'une année après l'épopée suédoise, Paul Nicolas trouvait la mort dans un accident de la circulation. Sa femme était également tuée.

A noter que sensiblement au moment où Paul Nicolas a pris sa retraite sportive, est arrivé à l'Amiens AC Augustin Chantrel, précédé d'une belle carte de visite puisqu'il a été à 15 reprises international avec le Red Star Olympique et le CA Sports Généraux. Mais jamais Chantrel ne fut pas international à Amiens.

Abdelmajid Oulmers

Attaquant

Né le 12 septembre 1978 au Maroc

Il y a des joueurs qui, à défaut de se doter d'une belle carte de visite, laissent quand même dans le monde du football une trace indélébile. Ce fut le cas du joueur belge Bosman qui a permis, au prix d'un long combat juridique, de faire avancer les choses en donnant la possibilité à un joueur de changer de pays. D'où la fameuse loi Bosman. Le Marocain Abdelmajid Oulmers fait partie de ceux-là et pourtant, à Amiens où il n'est resté qu'une demi-saison (2002-2003), il fut dans l'ensemble relativement discret. C'est un peu plus tard, alors qu'il s'était retrouvé en Belgique, à Charleroi, qu'il a fait parler de lui.

Ayant signé un contrat professionnel avec le RC Lens, il avait été prêté à Wasquehal avant de se retrouver en janvier 2003 à Amiens où l'entraîneur était Denis Troch. Joueur très vif, évoluant souvent sur le flanc gauche, en

retrait des attaquants, il était un garçon sans histoires. Avec Wasquehal, il eut la chance de participer aux Jeux olympiques de Sydney en 2000. C'est peut-être en Australie que lui vinrent ces idées.

Bien que né au Maroc où il a véritablement appris à jouer au football à Khenifra, près de Meknès, Oulmers possédait la double nationalité puisqu'il avait vécu quasiment toujours en France. Il était venu à Amiens afin de relancer sa carrière, *« mouiller le maillot et faire en sorte qu'Amiens retrouve sa vraie place. Quand on vient dans un club, ce n'est pas pour dormir. L'ASC a fait des efforts pour que je vienne. J'ai donc l'intention de le remercier sur le terrain »*, aimait-il répéter.

Quant à l'affaire Oulmers, elle s'est déroulée à Charleroi, club dans lequel il venait de débarquer après avoir quitté Amiens. Retenu pour jouer avec le Maroc, Oulmers se blessa gravement le 17 novembre 2004 (rupture des ligaments de la cheville gauche). Son indisponibilité fut très longue (plus de huit mois) et la question suivante se posa : qui devait régler les frais d'hospitalisation, ceux médicaux et surtout le salaire du joueur ? Son club ou sa fédération ?

Le club de Charleroi qui était lésé attaqua alors la FIFA devant le tribunal de commerce de Charleroi. C'était une grande première dans l'histoire du football. Estimant qu'ils avaient subi un grave préjudice, les dirigeants belges exigèrent alors réparation. On a évidemment comparé Oulmers à Bosman. Abdelmajid était devenu « Oulmers, le Bosman marocain ». Dans cette voie allait un peu plus tard s'engouffrer le club de Lyon parce que son joueur Abidal avait été blessé avec l'équipe de France contre le Costa Rica.

A Amiens, c'est surtout sur les terrains et par sa gentillesse qu'Oulmers s'est fait remarquer.

Patrick Parizon

Né le 3 juin 1950 au Creusot (Saône-et-Loire)
International A (3 sélections)
Champion de France avec Saint-Etienne en 1970
Vainqueur de la Coupe de France avec Saint-Etienne en 1970

Lorsqu'il arrive à Amiens au mois de mai 1992, alors que le club vient de connaître une descente difficile et après que l'entraîneur Hugues Jullien a annoncé sa démission à quelques journées de la fin (il est remplacé provisoirement par Emmanuel Hamon), Patrick Parizon est précédé d'une réputation très flatteuse.

D'abord, il a été un remarquable joueur à Saint-Etienne de 1967 à 1973 lors de la belle période des Verts. Ensuite, il a joué un peu partout en France à Lille, Sochaux, Troyes, Brest et Thonon. Il a été international à trois reprises et, en

tant qu'entraîneur, il a réussi un superbe parcours avec les Chamois Niortais. Ces derniers vont même faire le grand saut et accéder de la division 3 à la division 1. C'est vraiment à Niort que « Papa » termine sa carrière de joueur et entame celle d'entraîneur.

Quand il arrive à Amiens, les présidents Pascal Pouillot et François Gossart lui fixent un sacré challenge à relever : celui de remonter en superdivision 2 puisque, à cette époque, la Ligue nationale de football avait instauré deux poules. Seuls les dix premiers de chaque groupe vont décrocher leur billet.

Patrick Parizon, qui a eu la chance d'être entraîné par le célèbre Jean Snella puis par Georges Boulogne en équipe de France, a bien retenu les leçons. Quand il débarque en Picardie, il se dépeint comme un homme très exigeant, et ce malgré les apparences. « *Travail, rigueur, efforts sont indispensables*, dit-il. *A cela, il faut ajouter l'enthousiasme, la joie de jouer, l'ambition. Sur le terrain, je considère que deux choses sont fondamentales : la récupération et l'utilisation du ballon. Je souhaite que tous les joueurs participent à ces tâches essentielles. Outre ce football total, le jeu sans ballon est primordial.* » Quand on lui demande ce qu'il pense d'Amiens, il répond : « *Amiens est une ville de foot dans une région de foot.*

Il y a le potentiel, il faut maintenant le structurer, le canaliser et surtout l'attirer et le conserver. »

Patrick Parizon va même plus loin que sa propre fonction d'entraîneur d'une équipe professionnelle : « *La notion de club n'est pas de se limiter à l'équipe fanion. Il faut lui réserver la qualité et des équipes de jeunes parfaitement structurées et suivies.* » En quelque sorte, il a estimé qu'Amiens se devait de posséder un centre de formation. On estime à juste titre qu'il a été un des premiers à y penser. Il développe l'idée : « *Un grand club ne peut pas se faire si tout le monde ne tire pas dans le même sens : dirigeants, éducateurs, personnel, public, collectivités territoriales, sponsors et médias.* »

Après avoir échoué d'assez peu lors de sa première saison (l'équipe termine à la 12e place et descend en nationale), Patrick Parizon parvient à décrocher la timbale la saison suivante en s'adjugeant son groupe de nationale 1. Au club, il fut un de ceux qui n'ont jamais douté. La récompense est au bout. L'arrivée de certains éléments, tels Manu Pirès, David Faderne, Franck Barthélemy, a sûrement été déterminante. Amiens retrouve la division 2 le 14 mai 1994 à l'occasion d'un ultime déplacement au Paris FC. Un match suivi d'une fête très sympathique et qui a vu le député-maire Gilles de Robien se faire arroser par des joueurs tout heureux de célébrer leur sacre dans les vestiaires.

Patrick Parizon justifie amplement sa réputation d'entraîneur fétiche. Quelques jours plus tard, alors qu'il pense poursuivre l'aventure avec le club, il lui est annoncé que son contrat n'est pas prolongé et que son successeur est Arnaud dos Santos. Patrick Parizon rebondira ailleurs mais il aime pourtant bien cette ville d'Amiens puisque son fils, qui est devenu médecin, exerce dans la capitale picarde.

Emmanuel Parsy

Milieu de terrain

Né le 4 août 1967 à Ailly-sur-Somme (Somme)

Si on excepte une courte expérience professionnelle à Tours et d'un passage à Dijon, Emmanuel Parsy a toujours évolué sous les couleurs de l'Amiens SC.

Formé à l'US Ailly-sur-Somme, Manu fut repéré par l'ASC et eut cette chance d'être intégré à la première équipe du centre de formation. Celui-ci avait été souhaité par le président Abet et venait d'ouvrir ses portes à Dury-lès-Amiens. Le directeur de ce premier centre de formation était Robert Buchot qui allait faire du bon travail. Il devait en effet emmener ses jeunes un an plus tard en demi-finale du Challenge Gambardella. Manu Parsy côtoya des garçons qui firent, eux aussi, leur chemin : Thierry Bonalair qui fut internatio-

nal, Teddy Bertin et Olivier Brochard qui devinrent d'excellents professionnels.

« *Je suis resté sept saisons à l'Amiens* SC, souligne Manu Parsy. *Lors de la saison 86-87, en quarts de finale du Challenge Gambardella, nous avons éliminé Nantes par 2-1. A Nantes jouaient notamment Didier Deschamps, Marcel Desailly, Loko, Lobe, Gravelaine, etc. Malik Fall et Frédéric Dobelle avaient marqué pour Amiens. Nous avons été ensuite battus en demi-finale par Grenoble 2-0 en encaissant 2 buts d'un certain Youri Djorkaeff. Cela reste toujours un très beau moment de ma carrière.* »

Emmanuel Parsy a ensuite évolué en seniors à l'ASC avant de partir à Tours lorsque le club se mourait au cours de la saison 1987-1988. Avec Tours en division 2, il effectua ses grands débuts au stade Delique à Abbeville le 1er avril 1990. Ce soir-là, il trouva sur son chemin le Sénégalais Malik Fall avec qui il avait joué trois ans auparavant en Challenge Gambardella avec l'ASC. Un peu plus tard, toujours avec Tours, il foula la pelouse du stade Moulonguet contre l'ASC.

Il revint en Picardie, joua au sein des Cheminots de Longueau dont le président était Jacky Minot. Ce dernier était un dirigeant important de la Ligue de Picardie et, tout naturellement, Manu Parsy fut embauché. Chargé plus particulièrement de la gestion des compétitions, Manu Parsy n'a jamais abandonné son club de toujours : l'ASC. Quittant le terrain, il intégra alors la cellule de recrutement qui venait de se constituer et côtoya Arnaud dos Santos.

Les deux présidents François Gossart et Pascal Pouillot firent en sorte qu'il revienne au club.

Manu abandonna la fonction technique qu'il avait à la Ligue de Picardie, soit l'entraînement du centre régional féminin. Il prit l'habitude de sillonner les stades de France, de superviser de futurs adversaires de l'équipe professionnelle et d'aller à la découverte de jeunes qui pourraient signer au club. Très perfectionniste, il rédigeait à l'entraîneur des rapports extrêmement détaillés sur un joueur ou sur le comportement d'un futur adversaire d'Amiens.

Joueur, Manu Parsy a laissé l'image d'un bon technicien, mais avec un peu plus de régularité, nul doute qu'il aurait sûrement connu une carrière plus épanouie.

En revenant au bercail, il a su faire profiter aux jeunes de son expérience en répétant sans cesse : « *On parle de l'Amiens SC comme d'un club référent, un club modèle sur le plan des structures, en équilibre humain et financier. Le joueur qui y évolue sait qu'il se trouve dans un club très sain.* »

Fabrice Peltier

Défenseur

Né le 17 février 1957 à Fresnoy-le-Grand (Aisne)
International juniors et militaire

La famille Peltier a laissé une bonne image dans le football picard.

Fabrice, qui joua à l'Amiens SC, faisait partie d'une famille au sein de laquelle les quatre frères jouaient au football : Jean-Pierre est resté fidèle à son premier club, celui de son village natal Fresnoy-le-Grand, Francis et Pascal ont effectué une honnête carrière professionnelle tout comme Fabrice.

Arrivé dans la capitale picarde en août 1979, Fabrice Peltier sortait directement des rangs professionnels. Il venait de passer cinq saisons à Troyes mais son aventure avait pris fin dans des conditions particulières. La fin des années 1970 et le début 1980 furent marqués dans le football français par des dépôts

Ici à droite.

de bilan de clubs ne parvenant plus à payer leurs joueurs. Troyes fut dans ce cas et cette situation, Fabrice Peltier ne l'accepta pas.

Jeune marié, il se lança avec quelques équipiers dans une grève, ce qui ne plut guère au président de l'époque. Troyes, qui avait dans son effectif des éléments de valeur comme Arnaud dos Santos, descendait en division 2. Fabrice Peltier ne voulait pas trinquer alors que le responsable des déboires financiers était en premier lieu le président du club troyen. Ce même président jeta l'anathème sur Fabrice Peltier afin qu'il ne retrouve pas de club de division 1 ou division 2. Il fit tout pour que Fabrice devienne chômeur. C'est ainsi que ce dernier débarqua à Amiens qui venait de descendre de D2 en D3.

Sportivement parlant, ce n'était pas le Pérou mais du moins, pour Fabrice et sa jeune famille, l'avantage était de se rapprocher de son département d'origine, l'Aisne. A Troyes, Fabrice voulait devenir professeur d'éducation physique. A Amiens, redevenu amateur, il fut intégré à la Caisse d'épargne où, en définitive, il effectua une carrière professionnelle parallèlement à son activité de footballeur.

C'est grâce à Gilles Marquette, grand dirigeant de cette période mais, hélas, trop tôt disparu, que Fabrice Peltier arriva à l'ASC en pleine reconstruction. Normalement, il devait évoluer en défense centrale afin de succéder à Paul Imiéla. Mais pour de nombreuses de raisons, Fabrice ne put, hélas, jamais s'affirmer à ce poste, victime d'un mauvais climat. Il joua surtout au poste de défenseur latéral gauche et parfois en milieu de terrain défensif.

Fabrice Peltier, qui affectionnait le calme et la nature, habitait alors Conty, petite ville devenue célèbre pour ses concours d'attelage. Plus tard, quand il quitta l'ASC, il entraîna le club de Conty tandis que son fils Mickaël tentait vainement de le suivre dans la voie du professionnalisme. Fabrice Peltier s'est révélé et a emmené Conty jusqu'au Championnat de Picardie. Plus tard, il s'est retrouvé au sein du club de Roye.

Oswaldo Piazza

Né le 6 avril 1947 à Buenos Aires (Argentine)

C'est l'histoire d'un joueur célèbre qui a défrayé à un certain moment la chronique en faisant croire qu'il allait rejoindre l'ASC. Durant plusieurs semaines, l'affaire fit grand bruit à Amiens et en Picardie.

L'Argentin Oswaldo Piazza faisait la une dans les journaux au moment même où Claude Le Roy, l'entraîneur amiénois, préparait sa deuxième saison à Amiens (lors de la première, l'ASC avait échoué de peu derrière Calais pour l'accession), au moment où les joueurs s'entraînaient sérieusement au stade Moulonguet. Très vite, la rumeur prit des proportions démesurées. On évoquait ni plus ni moins la venue à Amiens du célèbre défenseur argentin Oswaldo Piazza. Celui-ci avait fait les beaux jours de Saint-Etienne et il avait participé cinq ans auparavant à la finale de la Coupe d'Europe contre le Bayern de Munich. Par la suite, Piazza était revenu en Argentine mais Claude Le Roy avait fait le pari de le faire venir à Amiens. La nouvelle fit alors le tour de la ville et les supporters s'emballèrent.

Claude Le Roy, qui avait fait signer deux nouveaux éléments venus du Havre, Jean-Pierre Sallat et Pascal Lioret, eut ce véritable coup de génie ou de folie, c'est pareil. « *Il faut savoir faire des folies intelligentes et avoir les moyens de ses ambitions* », devait-il déclarer dans *Le Courrier Picard* du 31 juillet 1981. Trois sponsors importants s'associèrent à cette vaste opération : le Crédit agricole, les Galeries du Papier Peint et Lee Cooper, tandis qu'une vaste souscription était également lancée. Massivement, les supporters de l'ASC n'hésitèrent pas à mettre la main au portefeuille. Mais très vite, on apprenait que Piazza devait racheter un an de son contrat à son club argentin dans lequel il évoluait avec Carlos Bianchi.

Les difficultés financières furent à la longue insurmontables. Pourtant, à la mi-août 1981, Oswaldo Piazza arriva à Paris, car il devait participer quelques jours plus tard au jubilé de Nestor Combin, jubilé qui vit également la présence de Claude Le Roy et Pierre Mankowski. A sa descente d'avion, Piazza fut accueilli par son ancien équipier Jean-Michel Larqué mais aussi une forte délégation amiénoise composée de Claude Le Roy, du président Michel Deraeve et du trésorier Patrick Duval.

Peu à peu, le nom d'Oswaldo Piazza disparut de la rubrique sportive du *Courrier picard*. Le grand public se fit à l'idée que le défenseur argentin à la belle crinière blonde ne viendrait jamais dans la capitale picarde. Mais dans l'histoire du club amiénois, Oswaldo Piazza resta comme étant le joueur dont a énormément parlé et qui, en définitive, n'a jamais porté le maillot de l'ASC.

C'est peut-être à partir de là que la réputation de Claude Le Roy a pris son véritable envol.

Olivier Pickeu

Attaquant

Né le 24 février 1970 à Armentières (Nord)

Olivier Pickeu a été un formidable attaquant, un buteur racé. Toutefois, l'homme en dehors des terrains avait la classe. C'était un véritable gentleman des stades, un homme qui aimait la vie au sens strict du terme puisqu'il aimait la bonne compagnie, la bonne table et les grands crus classés. Rien de tel pour réussir.

La communication qu'il entretenait avec les journalistes mais aussi les dirigeants lui ont ouvert des portes lorsque le moment de la retraite a sonné. Olivier Pickeu est alors entré au club de Tours puis au SCO Angers dont il a permis l'accession en L2 après une belle bataille juridique qui prit fin au siège du Comité national olympique et sportif. En effet, au début de la saison 2007-2008, la Ligue de football professionnel voulait priver le SCO d'une accession méritée sur le terrain.

Olivier Pickeu est venu à Amiens au cœur des années 1990 par l'intermédiaire d'Arnaud dos Santos dont il fut un peu le chouchou. Ancien pensionnaire de l'INF (Institut national du football) à Vichy, il avait été ensuite ramasseur de balles à Lille où il joua avec les fils de son futur entraîneur à l'ASC. Avant de venir à Amiens, il évolua à Caen, Montpellier et Toulouse. En signant à Amiens, il n'avait qu'un but, *« marquer des buts en jouant dans l'axe »*. Le 7 février 1996, Olivier Pickeu s'est particulièrement distingué en inscrivant 3 buts contre le Red Star. C'était la première fois qu'il parvenait à réussir le hat trick. Longtemps, il éprouva le besoin de rester sur la pelouse du stade Bauer afin d'apprécier ces moments de bonheur.

Peu à peu, Olivier Pickeu va évoluer puisque, d'attaquant de pointe, il recula et devint une sorte de milieu offensif. Mais il répètait souvent que, *« de toute façon, quand on est attaquant, on est jugé en priorité par rapport aux buts marqués »*. Un constat que plus tard feront à leur tour les Sébastien Heitzmann, Titi Buengo, etc.

Olivier Pickeu ira au bout de son contrat à Amiens de 1995 à 1998. Il ira ensuite à Lille qui retrouve de grandes ambitions.

Manu Pirès

Né le 17 décembre 1970 à Saint-Quentin (Aisne)
Clubs successifs : Gauchy (jusqu'aux cadets nationaux), centre de formation de Lille (1986 à 1989), Saint-Quentin (1989 à 1993), Amiens où il est resté quatorze ans de 1993 à 2007

Manu Pirès a laissé une trace indélébile dans l'histoire de l'Amiens SC. D'abord, il n'est pas courant qu'un joueur disputant son premier match avec son nouveau club se blesse sérieusement au bout de cinq minutes, reste ensuite de longs mois sur la touche avant de revenir dans l'équipe et surtout s'affirmer progressivement dans le club en tant qu'éducateur.

Manu Pirès est en effet arrivé à l'Amiens SC à l'aube de la saison 1993-1994. Patrick Parizon était l'entraîneur de cette équipe qui allait décrocher la timbale en mai de l'année suivante, soit une accession en division 2.

C'est à Saint-Quentin que, dans un premier temps, il s'était fait remarquer par l'ASC. Serge Guyot, qui fut un bon directeur administratif, prit contact avec ce joueur d'origine portugaise qui avait débuté à Gauchy, club formateur s'il en est. Ensuite, Manu était allé s'aguerrir au centre de formation de Lille.

Quand il signa à l'ASC, il n'était pas promis à un poste de titulaire. Pourtant, Patrick Parizon le titularisa lors du premier match contre le Paris FC au stade Moulonguet. Malheureusement, au bout de cinq minutes, son genou gauche craquait. Le diagnostic était cruel : rupture des ligaments croisés du genou. « *Cette première saison fut gâchée*, se souvient Pirès. *Mais elle fut atténuée avec l'accession en D2.* »

Manu Pirès eut la chance de voir arriver la saison suivante Arnaud dos Santos. Un gars de l'Aisne comme lui. Un Picard en quelque sorte. Il est vrai aussi qu'il avait obtenu la garantie des dirigeants amiénois qu'ils le gardent une saison supplémentaire en dépit de sa longue inaction. Un geste que n'a jamais oublié l'intéressé.

Manu n'a pas conservé de grands souvenirs de sa période de joueur, si ce n'est toutefois l'ambiance qui régnait entre les joueurs, le staff technique et les dirigeants. A l'inverse, très tôt, Manu a souhaité s'investir dans la carrière d'éducateur. Cette envie lui est venue lorsqu'il était à Gauchy. Il eut le bonheur d'être entraîné par un éducateur hors pair : Daniel Hurier, un vrai pédagogue. Déjà à Lille, alors qu'il n'avait que 15 ans, il avait pris en charge une équipe de poussins. Sa voie était donc toute tracée.

Tout en jouant, il en profita pour passer avec succès ses diplômes. Il se rendit à Clairefontaine. Il décrocha ainsi le DEF, car il était conscient que son genou ne lui permettrait pas de durer en tant que joueur. Il écouta René Marsiglia qui lui conseilla de s'engager à fond dans la voie de la formation. Il mit alors sagement un terme à son activité de joueur. Il intégra le nouveau centre de formation qui s'était installé à Montdidier et s'occupa des 17 ans nationaux. Tout en répétant souvent que « *la formation est un véritable métier et que la passion anime l'éducateur* », Manu Pirès redoublait d'efforts dans le club. Il prenait ensuite en charge les 18 ans nationaux et réussit un remarquable exploit à la tête de sa formation : parvenir en demi-finale du Challenge Gambardella.

A Avion, l'équipe dans laquelle évoluaient de futures vedettes comme Issiar Dia et Abdou Balde échoua face à Toulouse, futur lauréat, dans la fatidique épreuve des tirs au but.

Manu Pirès poursuit à l'ASC en tant que responsable de la réserve et chaque semaine qui passait, il devait composer entre les jeunes au statut amateur et les pros qui n'avaient pas été retenus en L2. Un vrai casse-tête chinois.

Tout a une fin : Manu Pirès et l'ASC se sont séparés au bout de quatorze ans mais le petit enfant de Gauchy peut être fier de son parcours amiénois.

Philippe Poil

Gardien de but

Né le 21 septembre 1968 à Voves (Eure-et-Loir)

Deux images, à jamais inscrites dans les souvenirs, évoquent Philippe Poil grand gardien de l'Amiens SC des années 1990.

La première est celle qui le vit véritablement sublimé un soir d'hiver au stade Moulonguet en Coupe de la Ligue contre Strasbourg. Le mercredi 13 décembre 1995, Philippe Poil est tout simplement en état de grâce. Il faut savoir que Strasbourg évolue en division 1 et part largement favori. Mais les Amiénois, admirables de volonté et poussés par leurs 4 500 supporters, contraignent leurs adversaires à aller jusqu'à la prolongation puis l'épreuve des tirs au but. Dans le vieux stade Moulonguet complètement frigorifié et qui vit ses derniers moments, c'est de la folie. Philippe Poil repousse tous les tirs alsaciens, soit cinq sur cinq. Du rarement vu à ce niveau de la compétition. Il devient le héros de l'équipe et de toute une ville. Strasbourg attendra six ans avant d'avoir sa revanche, cette fois en finale de la Coupe de France.

L'autre image que nous gardons de Philippe Poil est beaucoup plus pénible à évoquer. C'est celle du dernier match officiel qu'il joua avec le maillot d'Amiens. Il s'agissait d'un match anonyme de Coupe de France sur le terrain boueux de Bresles, modeste équipe du district de l'Oise. Depuis un moment, Philippe Poil ressentait une vive douleur dans le dos. A Bresles, il rechuta et il encaissa même un but anodin, car il n'était pas parvenu à se baisser pour capter le ballon. Ce jour-là de novembre 2000, il tournait la page d'une très belle carrière. Il ne savait pas que son équipe allait poursuivre son chemin en Coupe de France jusqu'à la finale au Stade de France, contre Strasbourg justement.

Arrivé au début de la saison 1995-1996 en provenance du club de Saint-Leu (il avait contribué à l'élimination du grand Nantes en Coupe de France), il avait effectué ses débuts en août 1995 à Niort. Il prenait peu à peu la place du titulaire Alain Wantz qu'il poussait vers la sortie. Mais l'histoire ayant tendance à se répéter chez les gardiens, à son tour, Philippe Poil, il est vrai blessé, laissa la place à Julien Lachuer. Il suivit ainsi la finale de la Coupe de France contre Strasbourg depuis la tribune de presse puisqu'il avait été sollicité par une grande radio nationale afin d'y jouer le rôle de consultant.

Il aurait aimé ensuite embrasser la carrière d'entraîneur. Il n'a pu le faire mais il est resté quand même dans le milieu du football professionnel. Il a su aborder le bon virage de la reconversion en intégrant l'UNFP (Union nationale des footballeurs professionnels).

Philippe Poil s'est toujours défini comme quelqu'un qui a *« une grande gueule sur un terrain et qui, en dehors, est plutôt un homme timide »*.

Pascal Pouillot

Président

Pascal Pouillot a incarné la renaissance, surtout sur le plan administratif de l'Amiens SC. Mais avant qu'il ne devienne le grand président reconnu mais

parfois incompris du grand public, il a découvert le club par le biais d'un procès. En cette circonstance, en tant qu'avocat de la partie adverse, il eut l'occasion de plaider contre le club dont il devint un peu plus tard le numéro un. Nous sommes au cœur de cette calamiteuse saison 1986-1987. Une saison marquée par des affaires extra-sportives à n'en plus finir mais aussi par la reconnaissance d'un excellent travail en profondeur puisque, au niveau des jeunes, l'Amiens SC vient de se voir reconnaître pour la deuxième année consécutive meilleur club sur le plan national. La fédération française, par le biais de son président monsieur Fournet-Fayard, vient du reste à Amiens afin de remettre le trophée. Malheureusement, dans les coulisses, les choses ne sont pas aussi claires. On assiste à de sordides règlements de comptes et à des coups tordus. Ainsi, en septembre, le principal sponsor de l'ASC, Lee Cooper, attaque le club devant les tribunaux.

Lee Cooper, c'est d'abord un trio qui aime le football et l'ASC : Pierre Pouillot, père du futur président Pascal, Victor Caisson et Jean Foucault. Après dix années « d'une longue histoire d'amour », les deux parties divorcent. C'est le début d'une procédure judiciaire qui va durer longtemps. Lee Cooper prend pour avocat Pascal Pouillot dont les liens avec le sponsor sont particulièrement évidents. Le procès trouve son origine dans un chèque de 150 000 francs versés par le sponsor le 1er août en échange de deux panneaux publicitaires dans le stade Moulonguet et du sigle Lee Cooper sur les maillots des joueurs. D'un côté, le chèque a été encaissé, mais l'ASC n'a pas tenu véritablement ses engagements. Pascal Pouillot lui demande donc de rendre l'argent, ce qui est fait courant septembre 1986, avant même que le tribunal ne prononce son jugement.

Pascal Pouillot tisse des relations avec l'ASC dans les années suivantes. Lorsque Julien Burnay, ancien directeur des sports de la ville d'Amiens et âgé de 71 ans, devient le nouveau président de l'ASC, il fait son entrée timidement au sein du club. Il défend ses intérêts en étant une sorte de porte-parole, ce qu'il fait très bien puisqu'il est avocat. C'est ainsi qu'il explique aux médias régionaux à l'aube de cette saison 1989-1990 que l'ASC doit surtout faire preuve de rigueur et d'humilité. C'est le plus logiquement du monde qu'il succède à Julien Burnay (décédé au printemps 2008) et qu'il va devenir le patron incontesté du football amiénois. A ses côtés, on voit de plus en plus son fidèle ami François Gossart, architecte de profession. Les deux vont devenir bientôt inséparables.

Pascal Pouillot est celui qui a permis au club non seulement de se relancer mais aussi de se structurer sous l'œil bienveillant de la mairie d'Amiens et de son premier magistrat, Gilles de Robien. En 1992, l'Amiens SC retrouve le statut professionnel, perdu quarante ans auparavant lorsque le club s'appelait Amiens Athlétic Club.

Pascal Pouillot est également entré au sein du conseil d'administration de la Ligue de football professionnel. Progressivement, il a fait son trou et est devenu l'un des principaux dirigeants du football français. Il a aussi noué des relations fortes avec les « grands », et notamment Michel Platini, ce qui lui a permis d'intégrer le très fermé des Variétés Club.

En vingt ans, bien secondé par François Gossart, il est tour à tour adulé et vilipendé. Quand l'équipe gagne, les joueurs en recueillent les mérites mais dès qu'elle perd, c'est la faute du président. Dans le stade de la Licorne fleurissent des banderoles qui demandent sa démission.

C'est aussi durant sa présidence que l'ASC est passé du stade Moulonguet à la Licorne. Pascal Pouillot a été celui qui a mis en place les fondations du centre de formation qui fonctionnait certes, mais sans disposer d'infrastructures et de bâtiments rutilants qui sont la fierté de toute une région.

Souvent interrogé sur l'épopée de la Coupe de France en mai 2001, il a avoué que cette finale contre Strasbourg constituait pour lui un de ses plus mauvais souvenirs sportifs. Propos peut-être excessifs mais, avec le recul, jamais Amiens ne fut aussi proche de ramener la Coupe de France, l'année de son centenaire du reste.

Il a souvent été considéré comme un homme dur en affaires, difficile dès lors qu'on abordait les problèmes financiers. Pragmatique, il a souvent déclaré qu'il essayait toujours *« de prendre ses exemples chez ceux qui gagnent mais aussi de retirer des enseignements chez ceux qui perdent et cela nous arrive de perdre ».* Longtemps, ses adversaires lui ont reproché de s'accrocher à son poste de président. Lui répondait simplement qu'il ne souhaitait pas laisser la place à un aventurier. Il est vrai que les exemples ne manquent pas et il convient toujours de se méfier des beaux parleurs.

Ainsi, en juin 1987, le futur président de l'ASC, Julien Burnay, devait signaler avec une sorte de prémonition : *« Il faudra étudier le passé des dirigeants qui voudraient se présenter à l'ASC. »*

Paul Pruvost

Que de souvenirs sont attachés à la famille Pruvost !

Le père fut un dirigeant éclectique dans les années précédant puis ayant suivi la dernière guerre. Il fut surtout le président d'un grand club omnisports, Amiens Sports, dont le stade se situait juste à côté de la prison d'Amiens (ce stade a aujourd'hui disparu). Un stade qui doit rappeler de beaux souvenirs à toute une jeunesse de l'après-guerre puisque c'est à cet endroit qu'était disputé le fameux Cross du Nombre réservé aux élèves de la cité scolaire d'Amiens.

Le gamin Paul Pruvost fut surtout footballeur de talent et adroit du pied gauche. Il évolua d'abord à Amiens Sports puis à l'Amiens SC avant de devenir durant une période entraîneur de l'ASPTT Amiens. Lorsque André Grillon devint entraîneur de l'ASC en 1968, il dut s'absenter d'Amiens pour diriger l'équipe de France amateurs qui allait du reste s'illustrer aux Jeux olympiques de Mexico. Paul Pruvost assura l'intérim. Il eut le mérite de lancer au mois d'août 1968 deux jeunes espoirs qui allaient permettre à l'ASC de s'imposer à Rouen pour le compte du CFA (Championnat de France amateurs).

Paul Pruvost fut un vrai et pur fidèle de l'ASC. Il devint même durant quelques mois en 1979 entraîneur de l'équipe première mais malheureusement, faute de résultats, il dut abandonner ses fonctions et laisser la place à Robert Buchot. C'était une année avant que n'arrive un certain Claude Le Roy. Paul Pruvost resta à l'ASC en tant qu'éducateur et s'occupa des équipes de jeunes. Le football n'était pas toute sa vie, car il possédait à Amiens un grand garage qui avait beaucoup de succès. Mais un jour, le nouveau président Abet décida de faire des coupes sombres et vira de façon cavalière et sans ménagement Paul Pruvost, mais aussi Hervé Fontaine et Patrick Maison. Paul Pruvost ne méritait pas une telle infamie.

Heureusement, quelques années plus tard, justice lui fut rendue ainsi qu'à un autre grand serviteur de l'ASC : Jacques Falize. Paul Pruvost reçut officiellement la médaille de la Jeunesse et des Sports au stade Moulonguet lors d'une réception organisée spécialement par le nouveau président Julien Burnay. Celui-ci savait ce qu'avait fait Paul Pruvost.

Après s'être retiré du monde du football, Paul Pruvost nous a quittés au début des années 2000.

Laurent Pujadas

Défenseur

Né le 25 février 1964 à Auxi-le-Château (Pas-de-Calais)

Laurent Pujadas fait partie de ces rares joueurs nés en Picardie, formés à l'ASC et qui sont quasiment restés fidèles au club durant les plus belles années de leur carrière. Avant lui, il y eut Pierre Mankowski, Patrick Maison et Roger Lacour, et après lui Thierry Dobelle.

Laurent débuta à l'Olympique Amiénois, un club de quartier. Il avait découvert le football avec son école Saint-Roch en USEP. Le stade Delaporte n'était situé qu'à 3 kilomètres environ du stade Moulonguet. Robert Buchot, l'entraîneur de cette période, avait l'habitude de se rendre sur les terrains de la capitale picarde à la recherche de la perle rare. C'est ainsi que Laurent Pujadas a été remarqué et il est venu rejoindre l'ASC où il connut une fulgurante ascension.

Ce garçon dégageait une double impression de puissance et d'élégance (1,84 mètre pour 74 kilos). Jeune, il était capable de jouer aussi bien libéro

qu'avant-centre. Un jour, avec l'Olympique Amiénois, il marqua à lui seul 11 buts, son équipe l'ayant emporté par 22-0. Raison de plus pour que Robert Buchot aille voir de plus près ce garçon qui intégra l'ASC.

Laurent fit ses classes successivement dans les équipes inférieures du club : D, C et B avant qu'un jour de novembre 1982, Claude Le Roy, l'entraîneur qui avait succédé à Robert Buchot, ne le retienne en équipe fanion contre Hazebrouck au stade Moulonguet.

La carrière de Laurent Pujadas s'est ensuite poursuivie de manière très honnête et il a même évolué en division 2 sous les ordres d'Hugues Jullien. Il garda toute sa carrière le statut d'amateur et, à l'instar d'un Roger Lacour ou d'un Thierry Dobelle, il ne toucha pas toujours les dividendes qu'il méritait.

Laurent a progressivement disparu du premier plan. Il a tourné la page avec l'ASC et on l'a vu plus tard émigrer au SC Abbeville puis terminer tranquillement sa carrière en foot d'entreprise au sein des Hospitaliers d'Amiens dont il est un joueur modèle, respectueux de l'adversaire et des arbitres.

Laurent Pujadas était tout simplement un mec bien.

Paul Ravail

Attaquant

Né le 27 avril 1957 à Cantenac (Gironde)

Dans les années 1980, on ne parlait pas de mercato mais cela y ressemblait quelque peu. En décembre 1983, l'ASC est entraîné par Gaby Desmenez qui a relevé le défi après le départ de Claude Le Roy. Son bilan après les matches aller est très satisfaisant. L'équipe est en passe d'accéder à la division 2 mais il lui faut dénicher une pointure sur le plan offensif. Ce joueur, Gaby Desmenez ne cherche pas trop longtemps avant de le trouver. Il s'agit de Paul Ravail, un garçon qui fut son équipier à Angoulême, très athlétique (1,82 mètre pour 78 kilos), à la carrure de boxeur. Du reste, il a pratiqué ce sport dans sa prime jeunesse mais aussi l'athlétisme avant de passer au ballon rond. Sur un terrain, Paul Ravail,

au demeurant un gentil garçon dans la vie de tous les jours, n'est pas du genre à se laisser marcher sur les pieds en match, voire à l'entraînement.

Il débarque donc à Amiens dans les derniers jours de décembre 1983, venant du club d'Alès qui lui a rendu sa liberté. C'est un grand voyageur, car il a aussi évolué à Marseille où ses qualités de buteur ne sont pas passées inaperçues. Le hasard fait parfois bien les choses.

Le 4 janvier 1984, il débute en amical contre Valenciennes dont les buts sont gardés par un certain Ludovic Batelli et dont l'entraîneur n'est autre que Léon Desmenez, le père de Gaby. Ravail marque deux fois et ne tarde pas à conquérir le public du stade Moulonguet.

Par la suite, on le voit souvent dynamiter les défenses adverses, marquer de nombreux buts avec Guero Dia qui démontre à 35 ans qu'il a encore de beaux restes. Ravail s'engage tellement qu'il prend des coups et se fracture le nez lors d'un contact avec un défenseur de Beauvais.

Le 12 mai 1984, à Rouen, l'ASC l'emporte par 1-0 et retrouve ainsi la division 2. Paul Ravail exulte de joie *« car,* dit-il, *c'est ma première montée et c'est extraordinaire ce qui m'arrive »*. L'avenir, c'est la division 2 et le niveau est évidemment plus relevé. Hélas, la suite ne va pas être du même calibre.

En division 2, il ne marque plus et ne fait plus peur aux défenseurs adverses. Gaby Desmenez doit l'écarter de l'équipe première et le mettre à la disposition de la réserve qui évolue en division 3 sous la coupe d'Hugues Jullien. Le grand Paul va patienter des mois avant de retrouver le chemin des filets. La seule explication à cette inefficacité offensive est la suivante : le doute, et pour un attaquant, ne plus marquer est une véritable catastrophe.

A la fin de cette saison 1984-1985, l'ASC est relégué et Paul Ravail quitte le club.

Un quart de siècle plus tard, un autre attaquant amiénois, venu sensiblement dans les mêmes conditions, Sébastien Heitzmann, connaîtra les mêmes problèmes et ce doute qui mine terriblement les esprits.

Christophe Raymond

Défenseur

Né le 1er septembre 1969 à Amiens (Somme)
A joué à Amiens, Beauvais, Darlington en Angleterre et Libourne
Entraîneur des 16 ans nationaux à Amiens puis des seniors à Arras

Christophe Raymond fait partie de ces joueurs qui ont été viscéralement attachés au football amiénois. Son père fut un valeureux élément d'un club formateur voisin de l'ASC : ASPTT.

Il a appartenu à cette génération de jeunes qui ont participé sur le terrain à la reconstruction du club qui venait de connaître une période trouble avec un dépôt de bilan, à la limite même de la liquidation.

A l'ASC, tout comme son copain Gérald Baticle, il est repéré lors d'un rassemblement de jeunes le mercredi par l'entraîneur Claude Le Roy. Christophe joue à l'ASPTT et il n'a que quelques centaines de mètres à effectuer pour rejoindre l'ASC. Il joue en minimes 2 et va intégrer un groupe dans lequel figurent notamment William Rosset, Teddy Bertin, Gérald Baticle et Jean-Paul Lucas qui, un peu plus tard, avec les cadets nationaux, seront entraînés par Joël Beaujouan. « *J'avais alors 12-13 ans et j'ai joué dans toutes les équipes de jeunes de l'ASC. J'ai eu pour entraîneurs Joël Beaujouan et Robert Buchot puis chez les seniors Hugues Jullien, Patrick Parizon et Arnaud dos Santos. Mais c'est surtout le Challenge Gambardella qui reste mon meilleur souvenir.* » En effet, cette équipe de juniors s'est particulièrement illustrée en 1987. Entraînée par Robert Buchot, elle va parvenir jusqu'en quarts de finale et elle élimine Nantes avant d'être battue sur le terrain de Troyes par Grenoble. « *Ensuite, avec le dépôt de bilan,* poursuit Christophe, *tous les jeunes ont été bombardés en équipe A et nous sommes alors montés dans la foulée de la division 4 à la division 2.* » Longtemps, et contrairement à Gérard Baticle et Teddy Bertin, Christophe est resté fidèle à Amiens. « *Mes parents voulaient que je privilégie mes études et que j'obtienne mon bac. Je n'ai donc aucun regret. Finalement, en restant à l'ASC, j'ai grandi avec lui.* »

Christophe Raymond semblait faire partie à tout jamais des meubles. Il était en effet un élément déterminant et important de la défense de l'ASC. Mais il perdit la confiance du staff technique en 1997 et quitta Amiens sans pour autant dire adieu à la Picardie. Il rejoignit le club voisin de Beauvais où il a connu un entraîneur formidable, Daniel Zorzetto, et un jeune qui promettait beaucoup, David de Freitas.

Des problèmes de genou firent qu'il dut mettre un terme à sa carrière en D2 (il y a quand même joué durant dix saisons). Il effectua ensuite un petit périple à Libourne et même en Angleterre avant de revenir une deuxième fois à l'ASC en tant qu'éducateur des 16 ans nationaux.

Christophe Raymond intégra le staff technique à l'initiative de Manu Pirès et du président Pascal Pouillot avant de tenter une nouvelle aventure à Arras en CFA 2. Il a tellement aimé l'ASC, son club, qu'un jour, alors qu'il était venu en tant qu'entraîneur d'Arras, il n'avait pas supporté qu'un jeune joueur amiénois se conduise mal à son égard. Rouge de colère, Christophe lança à ce jeune joueur : « *Ce maillot de l'ASC, tu n'as pas le droit de le souiller et sois fier de le porter !* » Tel était Christophe Raymond, un joueur de caractère et au cœur sensible.

Après Arras, il est revenu en Picardie, à Beauvais, club dans lequel il avait joué afin d'y devenir l'entraîneur adjoint aux côtés d'Hubert Velud.

André Riou

Entraîneur

Né en 1915, décédé en 2005 à Toulouse (Haute-Garonne)

Avec la fin de la guerre, l'Amiens Athlétic Club, sous la houlette du président Jacob, sollicite le statut professionnel et participe au championnat de deuxième division. Durant sept saisons, l'AAC va se maintenir mais ne pourra jamais viser plus haut.

L'AAC recrute comme entraîneur André Riou qui succède au fameux Braunstein. Avec lui, les résultats sont meilleurs. Il est vrai aussi que Riou a enrôlé de bons éléments, notamment Edouard Harduin, Jacky Braun, Sallembier et Jean Mankowski qui deviendront plus tard également entraîneurs.

André Riou va rester deux saisons à l'Amiens Athlétic Club, de 1948 à 1950. Quand il arrive, il est surtout connu en tant que joueur après s'être distingué à Toulouse à la fin des années 1930. Il jouait attaquant. « *A Amiens, je venais du Stade Français*, nous rappelait un jour André Riou. *J'ai remplacé monsieur Braunstein. Notre président s'appelait monsieur Gueudet. Nous jouions alors le W. M. Nous avions une superbe équipe et je dois dire que nous avions une chance d'aller en division 1. Lors de certains matches, nous nous baladions littéralement. Nous avons une fois écrasé Monaco et on disait de nous que nous possédions une attaque mitrailleuse.* »

A Amiens, André Riou habitait dans la rue des Trois Cailloux. Cinquante ans après, il se rappelait toujours ce bon vieux stade Moulonguet et ses joueurs qui ont fait partie de sa jeunesse. Il était surtout célèbre parce qu'il portait un béret sur le terrain.

Après Amiens, il fut le premier technicien français à entraîner en Belgique, tour à tour le Standart de Liège, le Daring Club de Bruxelles, Mons et l'Union Saint-Gilloise. Il a terminé sa carrière en tant que conseiller technique régional et occupé des fonctions de formateur de jeunes auprès de la fédération française.

C'est donc à Amiens qu'André Riou a vraiment lancé sa carrière d'entraîneur. On peut dire qu'il a été en avance sur son temps et que peut-être, il a ouvert la voie à un certain Georges Boulogne, l'homme qui a inventé la formation en France.

André Riou est décédé en 2005 chez lui, à Toulouse où il s'était retiré.

Claude-Arnaud Rivenet

Attaquant

Né le 13 décembre 1972 à Lille (Nord)

Nul doute que si, en ce samedi du mois de mai 2001, dans un Stade de France plein à craquer, en finale de la Coupe de France, il avait réussi à reprendre ce centre venu de la droite alors qu'il se trouvait au deuxième poteau, Claude-Arnaud Rivenet serait devenu, pour l'éternité, le héros du football amiénois.

Il aurait ainsi permis à l'Amiens SC d'inscrire son nom au palmarès de la plus populaire épreuve française. Malheureusement, ce centre, Rivenet ne put le reprendre et il a dû le regretter longtemps. Du coup, Claude-Arnaud Rivenet, garçon mystérieux s'il en fut, est retourné dans les oubliettes ou presque. Durant son passage à Amiens à cheval entre les deux siècles, Rivenet a laissé planer de nombreuses incertitudes sur sa personnalité. Recherchant la solitude mais se disant bon vivant, ce garçon né à Lille a sans cesse gardé son mystère. Personne, il est vrai, n'est allé à la véritable découverte de cet attaquant qui, avant de débarquer à Amiens, avait tout de même évolué dans un grand club français : l'Olympique Lyonnais. Il avait aussi connu la joie d'une accession en L1 avec Troyes.

Interrogé sur sa jeunesse, Rivenet se laissait aller à la confidence : « *J'ai été un gamin classique qui surtout aimait jouer au football. J'enviais le petit-fils de ma nourrice qui commençait à entrer dans un centre de formation. Il m'a communiqué le virus. Je savais ce que je voulais et il n'était pas question pour moi de faire autre chose que du football et de suivre le troupeau.* » Jamais Rivenet ne suivit le troupeau. Sur le terrain, il est le seul qui se distinguait de tous les autres : par ses chaussures rutilantes et visibles de tout un stade. D'où certaines réflexions pas toujours agréables à entendre. Mais l'homme n'en n'avait que faire.

Quand il arrive à Amiens, Rivenet garde en lui cette part de mystère qui ne cesse jamais de l'envelopper : « *Les circonstances ont fait que je ne me suis pas épanoui. Mes réactions ne sont pas toujours comprises. Mais les personnes qui chaque jour me côtoient savent que je ne suis pas un méchant garçon même si parfois j'ai mauvais caractère quand j'ai perdu un petit match à l'entraînement. Le pire, c'est que j'ai l'impression de donner une image de moi qui n'est pas la bonne.* »

Ce garçon pittoresque, né dans le Nord, n'avait qu'une idée : vivre dans le Midi. Il se distinguait encore par son refus d'aller voter, ne faisant pas bien la différence entre la droite et la gauche. Pourtant, ce citoyen n'est pas resté insensible aux inondations qui, au printemps 2001, avaient ravagé le département de la Somme. Claude-Arnaud Rivenet se demandait pourquoi, lorsqu'il y avait des catastrophes, les plus touchés étaient d'abord les plus malheureux.

Incompris, Rivenet le fut sûrement à Amiens et ailleurs aussi. Mais l'homme avait du cœur. Il aurait mérité qu'on s'intéresse un peu plus à lui. Histoire de percer un peu plus cette part de mystère qu'il avait en lui. On aurait aimé en savoir un peu plus sur lui.

Jean-François Rivière

Attaquant

Né le 28 février 1977 en Mayenne

Il y a parfois des joueurs qui manquent leur rendez-vous avec l'histoire. Tel est le cas de Jean-François Rivière, cet attaquant pur gaucher qui, au tout dernier moment, a dû déclarer forfait pour la finale de la Coupe de France le 26 mai 2001 au Stade de France contre Strasbourg.

Son nom figurait bien sûr sur la feuille de match Amiens-Strasbourg qui avait été diffusée à l'ensemble de la presse environ une heure avant le match. Mais une demi-heure avant le coup d'envoi, panique au sein de la délégation amiénoise : Jean-François Rivière était subitement tombé malade et ne pouvait tenir sa place. Il ressentait une vive douleur dans chaque cuisse ressemblant à une crampe. On imagine dès lors ce qui a dû se passer dans sa tête et quel moment douloureux il a vécu. Une finale de Coupe de France pour un joueur est un événement unique dans une carrière. Alors, quand vous avez la chance d'y parvenir, c'est la fête. Mais dans le cas de Jean-François Rivière, ce fut simplement le cauchemar. Rivière forfait, il a fallu le remplacer et faire appel à celui qui était 17e homme et qui n'était même pas en tenue de footballeur. Ensuite, pour Jean-François Rivière, cette soirée fut tout simplement maudite.

Plus tard, il lui a fallu remonter la pente, que ce soit sur le plan physique ou mental. Il a dû également convaincre tous les sceptiques, tous ceux qui ne croyaient plus en lui. Ce ne fut pas chose aisée, car il fut ensuite longtemps indisponible et dut se rendre au centre de rééducation du Cap-Breton. On était même inquiet pour la suite de sa carrière car il n'arrivait pas à se débarrasser d'un mal de dos récurrent. Durant cette longue période d'inaction et de doute, Jean-François Rivière a compté ses vrais amis. Ils ne sont jamais nombreux dans ce genre de situation. S'il a douté, du moins pendant cette période, il s'est forgé un caractère bien trempé.

A force de courage, d'opiniâtreté, après s'être astreint à une impitoyable hygiène de vie, il est revenu à son meilleur niveau alors qu'on le croyait fini. Son entraîneur Denis Troch lui a rendu la confiance nécessaire.

Jean-François Rivière est resté trois ans à Amiens et il a poursuivi ensuite sa carrière à Besançon et Niort. Un jour, avec les Chamois Niortais, il fut sportivement applaudi par le public de la Licorne qui ne l'avait pas oublié. Ce garçon hypersensible en fut tout remué et il eut chaud au cœur.

A Amiens, il a laissé de bons souvenirs, alternant périodes de sérieux et de franches rigolades. Dans la vie de tous les jours, il adorait la pêche, dormir et, très tôt, il s'est intéressé à Internet qui commençait seulement à se développer au début des années 2000.

Lionel Sachy

Ailier

Né le 1er février 1944 à Camon (Somme)

Même si, dans sa carrière, Lionel Sachy a également joué à Creil et Dunkerque, son club préféré fut celui de l'Amiens SC.

Quelques jours avant Noël 1972, les dirigeants de l'Amiens SC tentent de renforcer le secteur offensif qui ne brille guère en division 2. L'équipe se traîne en bas de tableau. A quelques jours de la fin de l'année, Lionel Sachy débarque à Amiens. Les responsables du club voient en cet attaquant l'élément qui va résoudre leurs problèmes. C'est un bon ailier de débordement et ses services sont précis.

Lionel Sachy revient donc à Amiens qu'il avait quitté quelques années plus tôt pour Creil. Il porte de nouveau le maillot de l'ASC et se place alors sous la direction d'André Grillon. Malheureusement, il ne peut sauver à lui seul l'équipe de la relégation bien qu'il soit considéré comme une excellente recrue. La chance lui tourne également le dos puisque une hépatite virale va amoindrir son rendement sur le terrain.

La saison suivante, l'ASC se retrouve en division 3. Sur son aile gauche, Lionel Sachy, qui a retrouvé la forme, se montre particulièrement efficace. Il va ainsi marquer 14 buts et cette fois, l'ASC va remonter en division 2. Mais la surprise est énorme lorsque l'ASC reçoit en juin 1974 la démission de son attaquant vedette. Il provoque donc la deuxième grosse surprise, car personne ne s'attend à ce qu'il quitte Amiens pour un club régional. Lionel Sachy, qui a le niveau pour jouer en D2, préfère partir vers le club voisin de Friville-Escarbotin qui se trouve en D4. Il ne part pas pour une question d'argent. Tout simplement, il s'agit d'une question d'amitié telle qu'il peut encore en exister dans le monde du football. Une amitié qui le lie à un dirigeant de ce club du Vimeu, Jacky Minot. Ce dernier devient ensuite président d'Escarbotin puis président délégué de la Ligue de Picardie de football avant de mourir brutalement peu après être parti en retraite.

Lionel Sachy revient une nouvelle fois à Amiens en division 2 et il va évoluer aux côtés du fameux attaquant polonais Hubert Skupnik.

Dans la vie de tous les jours, Lionel Sachy était un véritable boute-en-train et il savait mettre de l'ambiance dans un groupe. Ses deux fils, Nicolas et Laurent, ont eux aussi effectué une bonne carrière professionnelle. Nicolas s'est surtout signalé au poste de gardien à Sedan avec qui il est parvenu en finale de la Coupe de France. Et Laurent a joué notamment en tant qu'attaquant à Angers. Le nom des Sachy n'a pas disparu d'Amiens où a longtemps vécu la mère de Lionel. Les deux frangins ont très tôt été gagnés par le virus du ballon rond. « *Tous les soirs*, se rappellent-ils, *et souvent à la lueur des phares de la voiture familiale garée derrière les buts, on allait s'entraîner tous les trois à Rumigny, près d'Amiens. Notre père centrait, Laurent faisait des volées et Nicolas était déjà gardien de but.* »

On a rarement vu une telle famille de footballeurs. Laurent et Nicolas ont remporté la Coupe de Picardie des pupilles avec Amiens le jour de leur communion. Résultat, ils sont arrivés en retard pour le repas de midi !

Jean-Pierre Sallat

Ailier puis milieu de terrain gauche

Né le 21 avril 1955 à Saintes (Charente-Maritime)

Rarement il nous a été donné de voir le spectacle d'un tel pied gauche sur un terrain. Chaque coup franc tiré par Jean-Pierre Salllat était une merveille du genre et d'une grande pureté. Celui-ci cherchait alors le plus souvent son compère Pierre Mankowski dont les reprises de volée faisaient ensuite mouche.

Il reste dans la mémoire comme ayant été un joueur extrêmement doué, d'une rare élégance sur un terrain mais suffisamment lymphatique pour ne pas aller jusqu'au bout de ses possibilités. Il avait été professionnel aux Girondins de Bordeaux puis au Havre avant que Claude Le Roy ne le fasse venir à Amiens en CFA.

Bien qu'ayant raté l'accession avec Le Roy, Sallat était resté fidèle au club qui avait confié les rênes de l'entraînement à Gaby Desmenez. Celui-ci réussit dans son entreprise et fait monter l'équipe en D2. Mais au moment où l'équipe dispute la phase finale à Auxerre, Jean-Pierre Salllat annonce brutalement qu'il quitte le club picard pour Quimper où il va prolonger son parcours de footballeur professionnel. Il est donc resté trois saisons à Amiens (1981 à 1984) où il réussit le 23 juillet 1982 un bel exploit : il reprit un centre de Pierre Mankowski et inscrivit le but qui permit à l'ASC de battre en amical Saint-Etienne. Durant son passage à Amiens, il a marqué 17 buts mais c'est sous l'ère Desmenez qu'il a été le plus prolifique.

Jean-Pierre s'était montré quelques années auparavant le bourreau des Amiénois puisque le 5 février 1979, avec l'équipe de Limoges, il avait marqué le but victorieux, et ce alors que les Limougeauds n'avaient pas eu le temps de s'échauffer.

A Amiens, parallèlement à son activité de joueur de football, Jean-

Pierre Salllat se met à fréquenter le golf de Querrieu. A 27 ans, il se passionne pour cette nouvelle activité et y démontre de réelles qualités avec le bras gauche évidemment. Il a besoin de nouveaux défis et il dira un peu plus tard : *« Je crois que je suis né comme cela. Je suis avant tout un challenger. J'ai toujours eu envie de me mesurer aux autres. »*

Ayant toujours fait du sport, il fut l'un des rares à avoir été professionnel dans deux sports différents : le football et le golf. Il a même disputé le Circuit Européen et le Challenge Tour comptant pour le Circuit Pro2 Européen. Il a également remporté le Tournoi de Saint-Raphaël.

Il revient à Amiens en 1998, quatorze ans après avoir quitté l'ASC, car il va occuper l'un des deux postes de professeur de golf.

Quant au monde du football, il s'en est quelque peu détaché mais il arrive que, parfois, il vienne au stade de la Licorne où il a l'occasion de revoir des footballeurs devenus aussi de bons golfeurs comme le président du club Pascal Pouillot et surtout Patrick Abraham.

André-Joël Sami

Défenseur

Né le 13 décembre 1984 à Montfermeil (Seine-Saint-Denis)

Très grand, possédant un gabarit de basketteur (Michael Jordan fut son idole quand il était jeune), André-Joël Sami est arrivé discrètement à la Licorne juste au début de la saison 2004-2005.

L'époque Denis Troch venait de se terminer et le club s'apprêtait à recommencer un nouveau cycle. *« Sami, c'est un futur Desailly. »* Le compliment émanant d'un recruteur expérimenté était peut-être hasardeux mais force est de reconnaître que ce joueur, qui est resté quatre années à Amiens, n'a cessé de progresser dans son rôle de défenseur central. Et que Michel Rablat qui l'avait amené à Amiens ne s'était pas trompé. Ce même Rablat qui, quelques années plus tard, sera directement à l'origine de la venue de Fabrice Fiorèse et de Carl Tourenne, permettant ainsi le maintien en L2 au terme de la saison 2007-2008. Joël Sami a même porté le brassard de capitaine. Il a pris de l'assurance sur et en dehors du terrain.

Ce garçon bien élevé, né à Montfermeil dans la région parisienne mais gardant la culture de son pays d'origine, la République Centrafricaine, partait du principe que, pour être respecté, il fallait respecter.

En un mot, c'est à Amiens que Sami a vraiment commencé à se faire une réputation qui lui a valu d'être remarqué par des clubs de L1, à commencer par

Nancy. Le club lorrain l'a enrôlé bien avant la fin de saison 2007-2008 et qu'il ne soit sollicité par d'autres.

Issu d'une famille nombreuse (il a six frères et sœurs), Joël-André Sami avait un père qui travaillait à l'ambassade de la République Centrafricaine à Paris. Toutefois, Sami n'a quasiment jamais mis les pieds dans son pays d'origine qui, du reste, n'a pas de sélection nationale. Raison pour laquelle, en 2008, André-Joël est allé disputer des rencontres amicales avec le Congo et notamment contre la France B.

Joël Sami a évolué dans un premier temps dans des clubs parisiens, il a fait des tentatives dans le football anglais et s'est retrouvé à Valence où sa fin de parcours lui laisse de mauvais souvenirs. A Amiens, il signe d'emblée pour trois ans et va immédiatement se faire une place dans la charnière centrale avec de bons équipiers, tels Casartelli, Abalo, Hernandez, Vairelles. « *En arrivant à Amiens, j'ai été impressionné par le stade, les structures. Je n'étais pas très connu et il m'a fallu faire mes preuves. Il m'a fallu évidemment tout prouver. Je n'avais rien à perdre et surtout aucune pression sur les épaules.* »

Garçon très discret, timide et surtout pas du genre à se faire remarquer, il avait tendance au départ à passer inaperçu. Mais progressivement, sa réputation a fait qu'il était un des joueurs les plus sollicités par les journalistes. A Amiens, il a connu une saison remarquable (2006-2007) au terme de laquelle l'ASC a échoué d'un souffle pour l'accession en L1. Mais la saison suivante, ce sont au contraire des moments bien difficiles qu'il a vécus. Avec dans un premier temps une blessure qui le priva de terrain durant quatre mois. Il a aussi beaucoup galéré avec ses équipiers, évitant la relégation. Mais il a aussi disputé une demi-finale de Coupe de France contre le Paris SG.

A l'instar des Ewolo, Duchemin et Abriel, André-Joël Sami a vu sa carrière démarrer vraiment à Amiens avant qu'il n'aille se produire à l'échelon supérieur. D'Amiens dont il répétera volontiers : *« Il s'agit du club parfait pour apprendre. »*

Sami a su apprendre, sans se presser. Rien de tel pour aller loin.

Peter Sampil

Attaquant

Né le 22 novembre 1974 à Rambouillet (Yvelines)

Très grand pour un attaquant (1,89 mètre pour plus de 80 kilos), Peter Sampil a ceci de particulier qu'avec les deux clubs picards dans lesquels il a joué (Beauvais et Amiens), il a contribué à l'accession de nationale en L2.

Après avoir connu Jacky Bonnevay à Beauvais, Peter arrive à Amiens au début de la saison 2000-2001 où Denis Troch vient de poser ses valises. Le premier ne l'a pas conservé au moment où Beauvais accède en L2. *« Pas assez efficace devant le but »*, affirme Bonnevay, des faiblesses qui ne seront pas remarquées à l'ASC lors de cette formidable saison. Une saison qui voit

Ici à droite.

l'équipe amiénoise parvenir en finale de la Coupe de France contre Strasbourg et regagner sa place en L2.

Denis Troch ne fait pas comme Bonnevay : il va conserver dans son effectif en L2 son attaquant qui, sur le plan humain, est un gars bien. C'est même un bon père de famille puisque, à l'ASC, il a déjà quatre garçons (Nicolas, Julien, Loris, Tom) tandis que son épouse Emma s'initie au journalisme dans les colonnes du supplément du club *Objectifoot*.

Sa revanche, Sampil l'aura lorsque son nouveau club à Amiens élimine de la Coupe de France Beauvais au stade de la Licorne un soir de décembre 2000. Il démontre à son ancien entraîneur de Beauvais qu'il peut avoir sa place au niveau supérieur. Servi par un gros potentiel physique, gros travailleur et surtout buteur, Sampil ne recueille que des échos favorables. *« Si je n'avais pas été footballeur, je ne sais pas ce que j'aurais fait*, avoue Peter. *Tout petit, je passais tout mon temps à jouer au ballon en sortant de l'école. »* Initié au Paris SG, il a la chance de côtoyer de grandes vedettes mais il tient à préciser : *« Je n'envie personne. Chacun a sa personnalité. Chacun fait les choses qu'il a à faire. Moi je suis bien comme je suis. »*

Peter Sampil a le football dans le sang mais à Amiens comme dans les autres clubs qu'il a fréquentés, il se caractérise par son côté familial. Il aime vivre en père peinard auprès de son épouse et de ses quatre garçons. Il apprécie énormément la musique, en particulier le reggae, mais aussi le théâtre et les pièces de Molière en particulier.

Peter Sampil réussit une remarquable première saison en nationale où il accumule les buts (15) mais aussi en Coupe de France. La seconde saison en L2 est en revanche moins prolifique mais Peter n'a laissé que des amis en Picardie.

Patrice Ségura

Attaquant

Patrice Ségura a eu le malheur d'évoluer au cœur de l'attaque amiénoise, au cours de la calamiteuse saison 1986-1987. Il était pourtant venu plein d'espoir à l'ASC à 25 ans, après une belle carrière de buteur à Toulouse, le club qu'il fréquenta depuis les pupilles jusqu'à la division 1.

En douze saisons passées dans la cité des Violettes, il s'était affirmé comme un grand goléador, auteur de la bagatelle de 320 buts. Avant Amiens, il évolua à Sète, Laval et au Paris Saint-Germain mais, hélas, ce joueur fit connaissance avec la pire des maladies chez un attaquant : le doute. Doute provoqué il est vrai dans un premier temps par une rupture du tendon d'Achille. Il resta dix mois au repos, reprit ensuite la compétition et connut l'immense bonheur de par-

ticiper en tant que remplaçant à la finale de la Coupe de France contre Monaco au Parc des Princes. C'est à Laval où il était prêté par le PSG qu'il s'enfonça inexorablement, ne jouant quasiment plus, ne recevant aucun soutien moral ni sportif de la part des dirigeants mayennais. C'est ce joueur à la recherche de confiance qui arrivait à l'ASC.

On le sait, un buteur qui doute, ce n'est jamais bon. Patrice s'accrochait pourtant et, sous la houlette de Camille Choquier, un entraîneur qu'il avait connu au PSG, et d'un ancien équiper, Alain Préfaci, il tenta de refaire le chemin perdu. Il retrouva le chemin des filets lors de la première journée de championnat contre le Red Star. Hélas, le compteur resta ensuite bloqué très longtemps jusqu'à ce qu'arrive au mois de décembre cette fameuse affaire Ségura qui a tant défrayé la chronique.

Pour la première fois, un joueur d'Amiens attaquait en justice son président, Gérard Delahaye. C'était même une « première » en France. Le président Gérard Delahaye avait précédemment déclaré dans les colonnes du *Courrier picard*, après une humiliante élimination en Coupe de France à Fécamp, *« nous ne gagnerons jamais avec des danseuses »*. Le lendemain, Gérard Delahaye en rajoutait une louche en assénant *« le mot danseuse ne s'adressait pas à tous les joueurs mais à un seul, Patrice Ségura »*. En vacances durant la courte trêve hivernale, Patrice Ségura prit connaissance de ces déclarations et réagit immédiatement. *« J'ai été sali dans cette affaire alors que j'ai toujours fait mon métier en vrai professionnel »*, déclara-t-il tout en prenant pour avocat le célèbre maître Bertrand.

L'ancien Parisien réclamait la somme de 70 000 francs à titre de dommages et intérêts et une indemnité de 7 000 francs. Le fait de dire que le joueur Ségura était une danseuse pouvait-il être assimilé à une injure ? Il semble que non puisque finalement le tribunal débouta le 11 mars 1987 Patrice Ségura, le condamnant à payer la somme de 4 000 francs au journal *Le Courrier picard*, *« pour abus à son droit de saisir la justice »*. Ségura ne gagna donc pas son procès, ce qui valut une dépêche de l'agence France-Presse. Dépêche reprise le lendemain par tous les organes de presse français. Après avoir été exclu du groupe et avoir pris un huissier afin d'authentifier cette lamentable situation, Patrice Ségura fut ensuite réintégré dans l'équipe.

Par la suite, Ségura rejoua jusqu'à ce qu'il trouve l'opportunité de partir pour La Réunion. Il entraîna le club SS Gauloises après avoir tenté un come-back au plus haut niveau. Une saison, il a en effet joué en division 2 à Lorient.

Cette « histoire Patrice Ségura » s'ajoutait à bien d'autres survenues au cours de cette déplorable saison : les affaires Lee Cooper et Boris Bajac, le divorce entre le président et son entraîneur, le refus des joueurs de suivre les consignes de Camille Choquier. Tout cela a évidemment singulièrement affaibli l'Amiens SC.

Pourtant, Patrice Ségura, qui avait la phobie de l'avion et des grondements de tonnerre, s'est beaucoup plu durant cette courte saison à Amiens, trouvant charmant son logement à Saint-Sauflieu.

Patrice Ségura méritait vraiment un meilleur sort à Amiens mais ce n'était pas son moment.

Hubert Skupnik

Attaquant

Né le 27 août 1940
International polonais B

Hubert Skupnik fait partie de ces joueurs dont on se souvient très longtemps.

Il fut durant son passage à l'ASC une véritable idole. Le public du stade Moulonguet a été sans cesse charmé par son style, ses dribbles déroutants, sa rapidité d'action et sa clairvoyance qui énervaient les défenseurs adverses. Au point que l'ailier polonais a été à l'origine de nombreux penaltys, car les défenseurs n'avaient pas d'autre choix que de commettre la faute irréparable dans la surface.

Dans les surfaces de réparation, Skupnik était le diable en personne. Ses adversaires en perdaient leur latin, allant jusqu'à le crocheter ou le bousculer, parfois de manière très rugueuse. A l'essai durant plusieurs jours, le Polonais a conquis immédiatement les dirigeants amiénois lors d'un match amical qui opposait l'ASC à Lille, à l'époque emmené par ses vedettes sud-américaines Nogues, Fouilloux, Prieto. A leurs côtés figurait également un certain Gaby Desmenez qu'on allait revoir ensuite sous le maillot amiénois. Ce 2 août 1973, Skupnik, qui était précédé d'une carte de visite, disons, moyenne (il était alors âgé de 31 ans et avait été 8 fois international B), signait donc pour Amiens. A cette époque, Jean Fontaine était chargé du recrutement et s'était rendu à la gare de Saint-Quentin afin d'aller chercher le nouvel attaquant amiénois qui débarquait en Picardie par le train. C'était le début d'une carrière époustouflante sous le maillot de l'ASC.

Lors de cette première saison 1973-1974, l'ASC va regagner sa place en deuxième division, et ce en dépit d'un ultime revers au stade Moulonguet, contre Arras. Skupnik se montre un des plus constants puisqu'il va disputer pas moins de 30 rencontres de championnat. En outre, et c'est une sorte de record, il est plus ou moins directement à l'origine de 8 penaltys.

Au cours de cette saison, un autre attaquant polonais a évolué à Amiens : Marczak mais il se différenciait de Skupnik, ne serait-ce que par sa façon de se comporter dans la vie de tous les jours.

Fêté comme il se doit par ses équipiers, les dirigeants et surtout le public du stade Moulonguet dont il était une véritable idole, Hubert Skupnik a disputé son dernier match contre le Stade Malherbe de Caen le 20 mai 1976. Pour la petite histoire, l'ASC s'imposa par 5-0.

Après avoir quitté Amiens au terme de trois saisons bien remplies, il est allé terminer tranquillement sa carrière en France dans un modeste club du Pas-de-Calais : Lumbres.

Nenad Stojkovic

Né le 26 mai 1956 à Sirokom (Yougoslavie)
37 fois international avec la Yougoslavie

Quand il arrive à l'Amiens SC au cœur de l'été 1991, cela ne fait que deux ans que le mur de Berlin est tombé. Toute l'Europe de l'Est est en ébullition.

Longtemps unifiée en raison de la main de fer de Tito, la Yougoslavie n'échappe pas à ces turbulences et va bientôt se morceler en de nombreux Etats. Nous assistons également, mais de loin, à la guerre fratricide qui met face à face des voisins de rue, des hommes et des femmes ayant vécu auparavant en totale harmonie. La rivalité entre les Serbes et les Croates atteint son paroxysme. Nenad Stojkovic est serbe. Fier de l'être. Il nous expliquera souvent, au cours de cette année passée en Picardie, le poids de l'histoire dans son pays. Il nous parlera souvent du Kosovo, cette petite enclave située dans la Serbie et dont on a beaucoup parlé en ce début 2008.

Cela fait quelques années que Stojkovic joue en France. Il a notamment évolué à Monaco qui, un soir, au stade Delique à Abbeville, est venu éliminer de la Coupe de France l'Amiens SC alors entraîné par Gaby Desmenez.

Quand il débarque à Amiens, Nenad Stojkovic est plutôt en fin de carrière. Il signe à l'ASC grâce au photographe de *France football* Jacky Delorme, le même qui avait fait venir un an auparavant le Tchèque Jarolim. Cela fait quinze ans qu'un Yougoslave n'a plus porté le maillot d'Amiens, depuis Lipo en 1978-1979.

Mais Hugues Jullien, l'entraîneur, conscient que sa défense a besoin d'un homme de métier, fait confiance à Nenad. Il lui confie le brassard de capitaine. Hélas, ce garçon intelligent fera la saison de trop à Amiens, une saison qu'il n'achèvera pas. Et pourtant, à la lecture de son palmarès, Nenad Stojkovik pouvait se targuer d'avoir été un grand monsieur : 37 fois international avec la Yougoslavie, participation à la Coupe du monde en 1982 et au Championnat d'Europe en 1984.

Trois mois après son arrivée à Amiens et dix-sept saisons passées au plus haut niveau, Nenad Stojkovic se voit relégué durant quelques matches sur le banc de touche par Hugues Stojkovic. L'heure de la retraite a quasiment sonné pour Nenad. Nenad qui est un gentleman s'interroge alors : « *Je joue mal et je suis fatigué. Je me pose la question suivante : est-ce que je récupère aussi vite qu'auparavant ?* » Mais s'il est physiquement à Amiens, ses pensées et son cœur sont en Serbie où la guerre fait rage. Nenad Stojkovic pense surtout à sa famille et à son frère qui se trouve au Kosovo et il assouvit sa grande et unique passion : la pêche. Fréquemment, on le verra avec ses cannes dans les marais à Conty où il réside alors.

Mais en mars 1992, Nenad n'en peut plus : il décide de retourner au pays, car la situation s'est singulièrement détériorée. Dans le même temps, l'ASC recrute un joker : l'attaquant Franck Bonora.

Nenad Stojkovic reviendra une dernière fois en France et sera l'entraîneur de l'AS Cannes durant la saison 2002-2003. Il s'est retiré au pays et a ouvert un bar.

Laurent Strzelczak

Défenseur central

Né le 19 février 1971 à Bondy (Seine-Saint-Denis)
Capitaine de l'équipe d'Amiens lors de la finale de la Coupe de France contre Strasbourg en mai 2001

L'histoire du football amiénois retiendra qu'il a été le seul capitaine de l'équipe d'Amiens à avoir serré la main d'un président de la République en exercice. En l'occurrence, il s'agissait de Jacques Chirac.

C'était au Stade de France le samedi 26 mai 2001 et Laurent Strzelczak avait l'insigne honneur de présenter ses équipiers au premier représentant de la nation. 20 000 Picards avaient effectué le déplacement du Stade de France. En cette année, le département de la Somme avait été marqué par les inondations du printemps, et cette présence de l'Amiens SC en finale avait un caractère plutôt symbolique. Laurent Strzelczak était donc le capitaine amiénois et son entraîneur était Denis Troch.

Les deux hommes avaient connu le même destin auparavant, heureusement pour une courte durée. Ils avaient été tous les deux chômeurs. Ce sont des moments qui font relativiser les choses de la vie.

Laurent Strzelczak est resté deux saisons à Amiens. Le temps de tout connaître ou presque et surtout de s'y faire apprécier. Il s'était imposé naturellement en tant que capitaine et il était le relais idéal entre le groupe, son entraîneur et les dirigeants. Sur le terrain, il était un défenseur à la fois élégant et efficace. Ses interventions étaient propres et le ballon parfaitement relancé.

Dans la vie, c'était un gentleman. Un garçon affable et d'une grande disponibilité.

Laurent a incarné à merveille l'ASC durant son passage et surtout au cours de la première saison où l'équipe regagna sa place en division 2 et parvint jusqu'en finale de la Coupe de France contre Strasbourg, après avoir éliminé Troyes au cours de l'épreuve des tirs au but. Rarement au cours de cette saison 2000-2001, une équipe s'est autant identifiée à son club, la ville d'Amiens, le département de la Somme mais aussi la Picardie. Laurent Strzelczak a évidemment contribué à cette union.

Sur un terrain, Laurent Strzelczak n'a jamais triché. Il est vrai que dans ses veines coulait du sang polonais puisque ses grands-parents étaient directement originaires du pays de Chopin. Il aimait jouer ce rôle de leader, partant du principe qu'il se devait néanmoins d'avoir la confiance de son groupe. « *Je ne suis pas un individualiste*, répétait-il souvent. *Je raisonne toujours en notion de groupe. Je m'adapte pour donner le meilleur de moi-même pour les autres. Même s'il m'est arrivé de me faire rouler, je ne suis pas rancunier. Je marche à l'affectif.* »

Tel était Laurent Strzelczak qui, sa carrière de joueur professionnel terminée, s'est tourné tout naturellement vers celle d'entraîneur. C'est ainsi qu'on l'a revu un peu plus tard à Beauvais en tant qu'entraîneur adjoint puis poursuivre sa carrière dans un club espagnol à l'Atletico de Bilbao.

David Suarez

Attaquant

Né le 9 juin 1979 à Rodez (Aveyron)

Le jour où il a découvert sa future équipe (début 2003), l'Amiens SC, c'était par un temps pourri à Wasquehal. Il faisait froid et le vent soufflait fort dans les travées du stade de Villeneuve-d'Ascq. David Suarez, l'homme du Midi qui venait de passer trois ans en nationale à Cannes, ne fut pas du tout rebuté. Il acceptait la proposition conjointe de l'ASC et de Denis Troch qui étaient à la recherche de l'oiseau rare en attaque.

Après des débuts relativement timides, il allait s'affirmer. Attaquant longiligne mais très adroit devant le but, tant avec le pied que la tête, l'ancien Cannois s'est illustré comme un redoutable chasseur de buts. Au point de se retrouver en tête des meilleurs réalisateurs de division 2.

A Cannes, il avait marqué 45 buts en deux ans et demi. A Amiens, il allait largement faire aussi bien mais à un niveau supérieur. Lors de la saison 2003-2004, il terminait en tête du classement des buteurs en D2 avec 17 buts, précédant le Nancéen Dufresne 16 buts et le Valentinois et futur Amiénois

David Suarez, Abdelmajid Oulmers et Satorra.

Bertrand Fayolle 14 buts. Malheureusement, ce titre de meilleur buteur coïncidait avec une fin de saison calamiteuse du club puisque l'ASC terminait 9e du championnat avec six défaites consécutives et également une peu glorieuse élimination de la Coupe de France contre Dijon.

« *Terminer meilleur buteur en D2 ne m'était jamais arrivé. J'avais terminé auparavant une fois 2e en nationale. Forcément, cela me fait plaisir. C'est une récompense pour le travail que j'ai effectué toute l'année. Mais je l'aurais troquée contre une montée en ligue 1* », avouait Suarez. Quand on lui demandait quelles qualités devait avoir un attaquant, il répondait : « *Un buteur doit avoir l'instinct du tueur. Quand il est en forme, l'attaquant va tenter des trucs impossibles. Mais quand il est en méforme, il essaie de jouer un peu plus avec ses partenaires.* »

Après cette demi-saison 2002-2003, David Suarez avait décidé de prolonger l'aventure amiénoise et signé un contrat de trois ans, déclarant qu'il se plaisait beaucoup à Amiens.

Timide sur le plan offensif durant ces premiers mois d'adaptation, il allait flamber lors de la saison suivante, la dernière de Denis Troch l'entraîneur. Il a démontré qu'il était bien le buteur attendu. Cependant, il ne termina pas son aventure avec Amiens puisque Denis Troch parti, il éprouvait également l'envie de s'en aller ailleurs et de monnayer son talent.

Après une petite épreuve de force avec ses dirigeants, David Suarez quitta l'ASC pour Toulouse en L1, avant de continuer sa carrière à Guingamp, où il fut gravement blessé, et Sedan.

Johnny Svreck

Défenseur latéral droit

Né le 19 décembre 1949 à Pavant (Aisne)
International amateur

Originaire de Dieppe, Johnny Svreck était un défenseur longiligne qui se caractérisait par sa longue et opulente chevelure blonde. Avec son ami Joël Pouillart qui jouait de l'autre côté de la défense, à gauche, il fut assurément un grand défenseur. Intransigeant dans le dernier geste, il était aussi excellent dans la remontée du ballon. Le grand Johnny Svreck a incarné cette nouvelle catégorie de défenseurs offensifs, utilisant beaucoup le couloir.

S'il était venu à Amiens, c'était en raison de son statut d'international amateur. Titulaire en équipe de France, il devait retrouver son entraîneur national André Grillon. Amiens avait fait sa connaissance en 1969 lorsque l'équipe de France amateurs était venue rencontrer l'Italie. Svreck, qui évoluait à Dieppe, était alors équipier des fameux Daniel Leclercq et Daniel Horlaville.

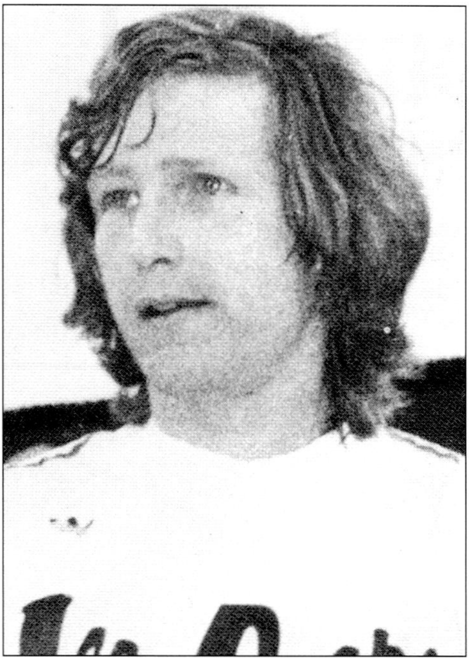

De fait, c'est à Amiens que Johnny Svreck s'est particulièrement révélé. Pourtant, il dut ronger son frein au cours de sa première saison 1973-1974 puisque, longtemps non qualifié, il ne disputa qu'un seul match de championnat, contre Arras le dernier jour. Avec Joël Pouillart qu'on surnommait « Gelinotte » tant sa pointe de vitesse était impressionnante, il a formé une des meilleures paires de défenseurs latéraux que l'ASC ait jamais possédées.

Lors de la saison 1975-1976 qui fut l'une des plus abouties de l'ASC, le célèbre hebdomadaire *France football* reconnut ses mérites en le désignant numéro un des latéraux droits de division 2. Le grand Johnny reçut pour la circonstance l'Etoile de *France football.*

Georges Taisne

Avant-centre ou ailier gauche

Né le 13 avril 1904 à Avesnes, décédé en mars 1998
3 fois international en 1927

Georges Taisne a également marqué l'histoire du football amiénois, juste avant le début du professionnalisme en France. Durant une dizaine d'années, il a emmené l'attaque de l'Amiens AC. C'était un incomparable attaquant de pointe, sachant tout faire sur un terrain. Il savait déjouer les marquages les plus stricts, tirer des deux pieds et surtout dribbler.

Alors qu'il portait le maillot de l'AAC, il fut international à trois reprises en 1927 contre l'Italie, l'Angleterre et la Hongrie devant qui la France prit une correction (13-1). Contre l'Italie, il avait été un des héros de la rencontre sanctionnée par un nul 3-3. Mais par la suite, il disparut des terrains en raison d'une blessure.

Georges Taisne a laissé un souvenir impérissable auprès de tous ceux qui l'ont connu. « *C'était la gentillesse même*, se souvient Jacky Braun. *Il était ser-*

viable, d'un commerce agréable et affable. Sur le terrain, il était percutant, allait sans cesse de l'avant. C'était un battant et il était athlétique. Il avait un dribble court et rageur. »

Les dirigeants de l'AAC lui trouvèrent un emploi : il travailla pour le compte des magasins Devred. A cette époque, la pratique était courante. De généreux mécènes, dirigeants de clubs, utilisaient les services de joueurs. C'était l'époque où la frontière entre amateur et professionnel n'existait pas, la période des joueurs dits « marrons » à qui on proposait un travail : devenir cafetier ou poissonnier comme le fut le grand Paul Nicolas.

Georges Taisne est décédé en mars 1998, quelques semaines seulement avant le titre mondial des Tricolores. Il était alors, à 94 ans, le plus vieil international français.

Maurice Thédié

Demi-aile gauche

Né en 1899, décédé durant la seconde guerre mondiale
Une sélection en équipe de France contre l'Italie en 1925

Longtemps, dans les années qui ont suivi la Libération, les jeunes sportifs qui ont pratiqué l'athlétisme et également le football l'ont fait dans un stade qui porte le nom d'un authentique international mais aussi d'un homme qui a trouvé la mort dans des conditions tragiques durant la dernière guerre mondiale : Maurice Thédié.

Maurice Thédié est mort en effet dans ce qu'on a appelé les « trains de la mort » qui amenaient les prisonniers et les victimes des SS allemands directement dans les camps de concentration. Il est dès lors entré dans la légende. Dans les années qui ont suivi la Libération, son épouse a prolongé le mythe en occupant un poste important à la mairie d'Amiens en tant qu'adjointe.

Sur un plan purement sportif, Maurice Thédié a porté une fois le maillot de l'équipe de France en 1925. Un match de bien triste mémoire puisque l'Italie l'avait largement emporté par 7-0. Cette rencontre, Maurice Thédié l'avait disputée avec un autre Amiénois, Urbain Wallet.

Les deux hommes furent également associés à une superbe série de performances qui leur avait permis de décrocher le titre de « champions toutes catégories » devant des clubs comme Lille, Roubaix, Tourcoing. Il faut se souvenir qu'à cette époque, le professionnalisme n'avait pas encore vu le jour en France.

Le soir de ce titre, les joueurs amiénois firent l'objet d'une brillante réception lorsqu'ils revinrent de Roubaix par le train. Une foule énorme avait envahi les proximités de la gare d'Amiens et, à leur arrivée, Maurice Thédié et ses équipiers furent acclamés et portés en triomphe par des supporters enthousiastes. Les joueurs furent ainsi accompagnés jusqu'au café du Globe qui se trouvait rue des Trois Cailloux. Le football trouvait alors un écho extraordinaire à Amiens. Les jeunes jouaient comme Wallet et Thédié et une chanson leur fut même dédiée. L'auteur de la musique n'était autre qu'un arbitre qui s'appelait monsieur Courbot tandis que les paroles avaient été écrites par l'épouse d'un joueur.

Lors de l'assemblée générale qui suivit, Maurice Thédié et les autres reçurent un chronomètre de la part de la bijouterie Maeght, mécène de l'Amiens Athlétic Club.

Thédié a tenu un café rue Gresset, à deux pas de la mairie d'Amiens. Il évoluait au poste de demi-aile gauche et c'était un joueur toujours en mouvement, très actif, très énergique aussi, une sorte de pétrolette en quelque sorte. Il quitta ensuite l'AAC pour un autre club amiénois, le Stade Amiénois, en tant qu'entraîneur. Il enseigna également le football au sein de l'Ahlétic.

Sa passion du football était telle qu'à 44 ans, il jouait encore lorsque la sinistre Gestapo vint l'arrêter pour faits de résistance.

Maurice Thédié fut non seulement un grand joueur mais aussi un patriote et un homme exceptionnel. C'est une leçon admirable à l'intention des jeunes d'aujourd'hui.

Thompson, Sheldon et les Anglais

Dans le football amiénois, avant l'arrivée des joueurs africains, de Pologne et des Pays de l'Est, on a assisté à l'invasion d'éléments venus de l'autre côté de la Manche. Après tout, l'Angleterre avait inventé le football. Amiens n'étant pas très éloigné, il était dès lors logique qu'entre les deux guerres mondiales, nous ayons eu des joueurs sujets de Sa Gracieuse Majesté.

Pourtant, aujourd'hui encore, l'arrivée de Thompson à Amiens relève quelque peu du mystère. *« J'ai d'abord cru que de grosses sommes avaient été nécessaires pour décider Thompson à traverser le Channel. Erreur, l'Amiens AC emploie toutes les finesses, toutes les canailleries pour arriver à ses fins. Vous savez comment va le monde et le rôle qu'y tient la femme. Le club s'est donc assuré le concours d'un certain nombre de sujets du sexe aimable qui pour lui ont bien voulu se transformer en sirènes. Un rendez-vous proposé à Thompson par une charmante jeune fille de Chuignolles a suffi à l'AAC pour s'attacher à jamais son brillant inter anglais. »*

Ces lignes sont extraites du livre consacré à l'AAC par Olivier Moret en 1991. A cette époque, l'AAC était présidé par le docteur Moulonguet qui, à coup sûr, n'était pas au courant de ces pratiques qui se développaient alors dans bien d'autres clubs. Pour revenir à Thompson, il fut considéré comme une sorte de sorcier du football. Sur le terrain, c'était un roublard, un joueur qui épuisait ses adversaires. Milieu de terrain, plutôt inter, il a marqué l'équipe de cette époque. L'histoire a pourtant retenu que, le 5 janvier 1928, il fut expulsé par l'arbitre lors d'un match Amiens-Stade Rennais en Coupe de France. Il s'était accroché avec le Hongrois Niko (futur Amiénois). Furieux, les joueurs bretons voulurent quitter le terrain, cherchant à influencer l'arbitre. En vain. Menés 3-0 au repos, les Amiénois renversèrent la situation et s'imposèrent finalement par 7-3. Par la suite, Thompson continua à jouer avec les vétérans.

Pour sa part, Sheldon est arrivé à l'Amiens Athlétic Club à l'aube de la saison 1923-1924. Le président n'était autre que le docteur Moulonguet qui avait donné son nom au stade (l'inauguration eut lieu le 4 décembre 1921).

Dans le même temps signait l'international Edouard Macquart qui, avec l'AS Française, avait été sélectionné une fois contre la Hollande en 1921. Malheureusement pour Amiens, Macquart, à qui avait été confiée la direction de l'hôtel du Commerce, acheva péniblement sa carrière en devenant de surcroît le premier client de son bar. Pourtant, dans un premier temps, il s'était vu refuser la délivrance de sa licence par la commission de l'amateurisme, sous prétexte justement que ce bar avait été acheté par l'AAC.

Grand diable taillé à coups de serpe, Sheldon venait du Havre Athlétic Club, le club le plus glorieux et le plus ancien sur le plan national. Il opérait en tant que demi-centre et était considéré comme l'un des meilleurs joueurs britanniques de classe professionnelle opérant en France. A cette époque, nous étions encore loin de l'avènement du professionnalisme mais, ici et là, nous en étions au stade des prémices et de l'amateurisme marron. Son jeu fut une révélation pour les supporters amiénois car, sur le terrain, il ne donnait pas l'impression de courir. Mais il n'avait pas son pareil pour se placer, intercepter les ballons et les relancer.

Dans *Le Football en Picardie*, il est écrit que Sheldon a appliqué à la lettre cette maxime : « Faire courir la balle au lieu de courir soi-même ». Il eut à ses côtés Braun et Thédié, ce qui permit à l'AAC de posséder une fameuse ligne de demis, à l'origine des nombreux succès de l'équipe. Au début de la saison 1927-1928, Sheldon retourna au Havre Athlétic Club.

L'Angleterre restait présente à l'AAC puisque, au cours de la saison 1924-1925, le club engagea un entraîneur britannique, Adams, qui arrivait en ligne droite des Bolton Wanderers et qui fut quelques années plus tard remplacé par un technicien autrichien, François de Woggenhubber (saison 1930-1931).

Denis Troch

Entraîneur à l'ASC de 2000 à 2004

Né le 24 octobre 1959 au Blanc-Mesnil (Seine-Saint-Denis)

Le stade de la Licorne, Denis Troch l'avait découvert une première fois lorsqu'il avait dirigé la formation de l'UNFP (comprenant des joueurs à la recherche d'un contrat) qui était venue disputer une rencontre amicale face à l'Amiens SC entraîné par René Marsiglia. C'était en lever de rideau du Trophée des Champions (opposant Bordeaux à Nantes) qui marquait l'inauguration officielle du stade en présence des caméras de France 2 et des plus hautes personnalités du football français.

Ce jour-là, Denis Troch est loin d'imaginer qu'une saison plus tard, il reviendra à Amiens. Cette fois, c'est à la tête de l'ASC puisque le président Pascal Pouillot l'a appelé afin de remplacer Victor Zvunka. Celui-ci avait également, en cours de saison, remplacé René Marsiglia. Le club vient quelques semaines auparavant de perdre sa place en L2 pour repartir en nationale.

Célèbre pour sa moustache, fidèle adjoint du Portugais Artur Jorge au Paris SG, Denis Troch, qui sort d'une année sabbatique, accepte de relever le

challenge. Le terrain lui manque beaucoup. Pour lui, l'important est de pouvoir faire son métier, celui d'entraîner. Il avouera simplement : « *J'ai vu la reprise de l'entraînement de l'ensemble des divisions et pratiquement tous les clubs avaient leur entraîneur. Je ne voulais pas rester sans club et, à partir de ce moment, j'ai été très touché par l'appel du président Pouillot.* »

A son arrivée, Denis Troch dresse un premier constat : il a trouvé des dirigeants très à l'écoute et des éducateurs volontaires. Quant aux joueurs, c'est un peu la peau de chagrin. Peu à peu, le technicien amiénois va recruter quelques bons éléments, et notamment Laurent Strelczak qui sort lui aussi d'une période de chômage et dont il fera son capitaine. Sur le plan administratif, il s'agit de remplacer Serge Guyot, qui vient de démissionner, au poste de directeur administratif. En définitive, l'ancien gardien David Ducci prendra en charge ce secteur.

Denis Troch va connaître une première partie de saison difficile. Au soir d'une défaite à Pau dans les derniers jours de l'année 2000, ils sont peu nombreux les supporters qui imaginent que quelques mois plus tard, l'ASC aura effectué un spectaculaire rétablissement et surtout accompli un extraordinaire parcours en Coupe de France et même en Coupe de la Ligue. En Coupe de France et pour la première fois de son histoire, l'ASC se hisse en finale de la plus célèbre compétition française. Le club déplace plus de 20 000 supporters picards au Stade de France. L'ASC ne s'incline que dans l'épreuve des tirs au but.

Avant de rencontrer Strasbourg emmené par l'ancien Amiénois Teddy Bertin, les joueurs de Denis Troch accumulent les exploits et éliminent Troyes, Reims, Rennes, Guingamp. Ils tombent avec les honneurs face à l'Olympique Lyonnais qui commence son apogée vers la gloire.

Une image restera à tout jamais dans les esprits : lors de l'épreuve des tirs au but dans la demi-finale Amien-Troyes, Denis Troch et Alain Perrin, alors entraîneur de Troyes, s'assoient côte à côte sur le même banc. Tous deux suivent avec passion mais aussi avec calme cette opération. L'ASC s'impose et Denis Troch devient le héros de toute une ville et de toute une région. Dans la foulée, l'ASC remonte en L2 et ce dernier est à ce moment extraordinairement populaire à Amiens.

L'homme est attachant et possède un charisme comme rarement cela a été vu à Amiens. Il est évidemment très sollicité et pas seulement pour parler football. Il lui arrive d'aller faire des causeries sur le management dans les entreprises. Il excelle dans ce genre d'exercice. Sa devise « On a toujours ce qu'on mérite » sera souvent reprise, y compris par certains de ses joueurs.

Denis Troch reste encore trois saisons en L2 à la tête de l'ASC. Lors de la saison 2003-2004, toute la ville d'Amiens se met dans la tête que le club peut enfin accéder à la L1. Malheureusement, cette saison 2003-2004 se termine en queue de poisson. Ironie du sort, le dernier match officiel de Denis Troch voit à la Licorne l'ASC se mesurer à Laval qui est dirigé par Alex Dupont. Laval l'emporte 4-3 et se sauve *in extremis*. Quelques jours plus tard, on apprend que les deux entraîneurs croisent leur route : Troch part à Laval et Dupont arrive à Amiens.

Denis Troch, qui est un sportif éclectique (il est passionné de cyclisme et a souvent disputé des marathons), a laissé à la Licorne et à Amiens un souvenir indélébile. Plus populaire que lui, ça n'existe pas. « *Quand j'arrive dans un club*, aimait-il répéter, *j'ai pour habitude de dire que je peux rester trente-cinq ans comme je peux partir au bout d'une semaine.* » Finalement, il est resté quatre ans à Amiens où, en dehors du football, il s'est beaucoup investi. Il reste un technicien qui a marqué les esprits à l'ASC mais aussi dans toute la ville.

Il sera ensuite moins heureux au Stade Lavallois et surtout à Troyes où il est démis de ses fonctions au bout d'une seule saison. Il laisse la place à Ludovic Batelli qu'il a connu à Amiens quelques années auparavant. Le monde du football est sans merci. Il y a peu de champ entre le Capitole et la roche Tarpéienne.

Amédée Uchart

Défenseur

Originaire de la région de Corbie, Amédée Uchart a débuté dans le club local avant de rejoindre l'Amiens Athlétic Club juste après la guerre, en 1945-1946. Au départ, Amédée est enrôlé comme attaquant mais il ne se montre guère convaincant. Du coup, le club décide de lui retirer le statut de joueur professionnel tout en l'autorisant à continuer de porter le maillot du club.

Mais Uchart a modifié son jeu. Sur le terrain, il a décroché et il évolue alors en tant que défenseur. Il s'affirme au poste d'arrière droit. L'entraîneur de l'époque, monsieur Braunstein, lui fait confiance. Le 16 février

1947, Amédée Uchart connaît son jour de gloire. Avec ses équipiers, au stade Moulonguet, l'AAC l'emporte sur le leader invaincu Sochaux par 1-0.

La carrière d'Uchart s'est ensuite poursuivie à Nantes lors de la saison 1951-1952. Puis il est revenu en Picardie et a entraîné le club de Saint-Pierre Amiens avant d'entreprendre une nouvelle carrière dans le ballon au poing. Ce sport typiquement régional a conquis d'autres footballeurs. Uchart a donné des idées à Jacques Falize devenu également un excellent foncier.

Amédée Uchart s'est adjugé sur le ballodrome de la Hotoie, à Amiens, devant plusieurs milliers de spectateurs, le 15 août, des drapeaux Excellence en 1947 et 1950 avec les clubs d'Irles-Albert et Daours.

Les Xantippe

Claude, Ferdinand et Edouard (né le 17 août 1943)

Des frères Xantippe, incontestablement Claude est celui qui a connu la meilleure carrière mais également la fin la plus tragique. Dans ses plus belles années, à la fin des années 1960 et début 1970, Claude était l'un des piliers de la défense amiénoise. Il évoluait aux côtés de Paul Imiéla. Cette charnière centrale pratiquait un système de jeu inculqué par André Grillon. C'était l'époque de la fameuse défense en ligne, le 4-2-4. Celle-ci se composait de deux latéraux et de deux axiaux. Il fallait surtout ne pas briser la ligne, faute de quoi il n'y avait plus de hors-jeu. Claude Xantippe quitta ensuite l'ASC mais resta dans la région. Il joua tour à tour en corporatif avec la Coop Amiens, le grand club de l'époque, Moreuil et l'US Roye.

Il prit ensuite en main les destinées d'un club modeste (à l'époque) mais qui, sous sa houlette, gravit les échelons pour parvenir à l'élite départementale : Poulainville. Alors qu'il était en vacances dans sa Guadeloupe natale, fin août 1985, il fut victime d'un accident mortel. Claude laissait une veuve et deux enfants. Il n'avait que 48 ans. Sa mort bouleversa les habitués du stade Moulonguet.

A la fin de l'année 1999, lorsque *Le Courrier picard* organisa un concours pour désigner l'équipe du siècle d'Amiens, Claude Xantippe fut retenu dans une liste de quatorze joueurs.

L'Amiens SC lui a aussi rendu hommage quelques années après sa mort. Tous ceux avec qui il avait joué et son ancien entraîneur André Grillon avaient effectué le déplacement du stade Moulonguet en souvenir de Claude Xantippe. En amical, l'ASC recevait le Stade Malherbe de Caen entraîné par Pierre Mankowski. Ce club versa son indemnité au profit de la famille Xantippe. Un bel acte de générosité.

Après Claude, ses frères Edouard et Ferdinand ont, eux aussi, à un niveau inférieur, joué à Amiens. Ils sont devenus à leur tour joueurs-entraîneurs de clubs du département de la Somme. Edouard Xantippe fut même un des piliers du club des Antillais d'Amiens qui, depuis, a disparu de l'échiquier départemental

Dans ce club des Antillais, la troisième mi-temps comptait beaucoup. Claude, qui était dans la vie de tous les jours un joyeux drille, aurait beaucoup aimé.

Urbain Wallet

Défenseur

Né le 3 juillet 1899 à Montdidier (Somme), décédé en 1970
21 fois sélectionné en équipe de France de 1925 à 1929

Depuis plusieurs années, un stade porte son nom à Amiens. A l'initiative d'un dirigeant de l'ASC, Claude Lamette, un tournoi à sa mémoire est organisé régulièrement le 15 août. C'est une reconnaissance méritée pour Urbain Wallet qui, dans la grande histoire du sport amiénois, a laissé une trace indélébile.

L'homme est resté toute sa vie fidèle à sa ville et son club d'Amiens qui, dans ces années de l'entre-deux-guerres, s'appelait Amiens Athlétic Club.

Urbain Wallet a connu les débuts du professionnalisme et la triste retombée dans le monde amateur. Aujourd'hui, les mensurations d'Urbain Wallet feraient quelque peu sourire. Il accusait sur la balance 107 kilos mais cela ne l'empêchait pas de courir très vite. A l'époque, il aurait pu devenir un sprinter

parfait et il courait le 100 mètres aux alentours des 10 secondes.

Avant le football, il avait pratiqué le rugby dans un collège de Compiègne. Il avait même joué à tous les postes. L'homme était également doté d'une incroyable souplesse. Un jour, alors qu'il était âgé de 38 ans, il avait rendu visite à un grand journal sportif de Paris. Les journalistes lui avaient lancé une sorte de défi : ils lui avaient demandé de sauter à pieds joints sur une chaise. Bien qu'ayant gardé son pardessus et son chapeau melon, il réussit cette performance avec une incroyable facilité. Il ajoutait même qu'il se contentait volontiers d'une table plutôt que d'une chaise. Mais, tenait-il à préciser, à la condition que, après l'avoir franchie, il ait l'honneur d'y faire un bon repas.

Avec l'Amiens Athlétic Club, Urbain Wallet, qui exerce dans la vie le métier de commerçant en grains et fourrages et qui est le père de quatre enfants (deux fils et deux filles), a expliqué le secret de son incroyable souplesse : « *Ma souplesse, je la dois aux sauts sans élan. J'ai toujours été un fervent pratiquant de ces sauts que je considère comme excellent non seulement pour la culture physique mais aussi pour la détente aérienne et le démarrage du footballeur.* » Pour mémoire, Urbain Wallet franchissait 1,48 mètre au saut en hauteur sans élan et 3,30 mètres au saut en longueur sans élan, des performances que ne reniaient pas les meilleurs athlètes de l'époque. Il fut une sorte de précurseur, car bon nombre de préparateurs physiques ont repris et amélioré ses méthodes.

Il était un grand sportif mais aussi un homme aimant la vie.

Parallèlement à une carrière exclusivement effectuée au sein de l'Amiens Athlétic Club dont il fut le pilier durant douze saisons, il a été sélectionné vingt-et-une fois en équipe de France. Il évoluait en défense. En 1925, l'équipe de France rencontre l'Uruguay championne du monde. A l'aile gauche évolue un certain Romano, joueur d'une très grande classe, aux dribbles déroutants et qui enchante le public. Au stade Buffalo à Paris, Urbain Wallet a été retenu par Gaston Barreau, responsable unique de la sélection tricolore. Le défenseur amiénois ne laisse alors aucune chance à Romano et le neutralise en beauté. Le public parisien fait connaissance avec cet Urbain Wallet qui se montre un défenseur intraitable. En dépit de sa puissance, Urbain Wallet s'impose par son jeu correct, sa bonne relance et sa vitesse d'exécution. L'équipe de France qui, un an plus tôt, a été nettement battue par 5-1, sort cette fois avec les honneurs et un nul 0-0. Il reçoit alors une ovation de la part du public qui est debout et l'applaudit durant de longues minutes.

Avec Amiens, Urbain Wallet a atteint le cap des demi-finales de la Coupe de France.

Le samedi 6 avril 1930, le match se termine sur un score de parité et, comme le prévoit le règlement, il faut rejouer une semaine plus tard. Ainsi, le samedi 12 avril 1930, au stade de Colombes, l'Amiens Athlétic Club retrouve une deuxième fois le Racing-Club de Paris et va s'incliner 3-1 au terme d'un match au cours duquel la formation amiénoise est lésée. En effet, alors qu'il reste 7 minutes à jouer et que les deux équipes se trouvent à égalité 1-1, un but est marqué de la main par un joueur du Racing. Urbain Wallet a tout vu et il conteste évidemment auprès de l'arbitre. Celui-ci reste imperturbable et accorde le but. Urbain Wallet qui, sur un terrain, a toujours été d'une très grande correction est vraiment écœuré. Il demande à l'arbitre d'annuler le but mais rien n'y fait. Fou de colère, il quitte le terrain et n'y revient que sur l'insistance de supporters amiénois. Il assiste alors au 3e but parisien, celui qui scelle définitivement la défaite de l'AAC.

Ce 12 avril 1930 est une date maudite pour Urbain Wallet et l'Amiens Athlétic Club qui méritait d'aller en finale de la plus prestigieuse et populaire épreuve du football français. Il faudra attendre pas moins de soixante et onze ans pour qu'enfin cette lacune soit réparée grâce à la bande de Denis Troch

Urbain Wallet qui fut un honnête homme au cœur d'or, à la bonté et à la gentillesse à la hauteur de ses qualités physiques est décédé au début des années 1970. Sa légende est intacte.

Remerciements

L'auteur tient à remercier ses amis Claude Rawbone, Gérard Crignier, Jacky Almeda, Olivier Billard et Marco Cativiela qui ont bien voulu lui confier des documents photographiques.

Merci également à Jacques Falize et Jacky Braun qui lui ont communiqué de précieux renseignements.